André Butzer
Friedrich Hölderlin

ANDRÉ BUTZER

FRIEDRICH HÖLDERLIN

Die Jahreszeiten
The Seasons

Aquarelle von / Watercolors by
André Butzer

Gedichte von / Poems by
Friedrich Hölderlin

Übersetzung von / Translation by
Alta L. Price

TASCHEN

Gibt es auf Erden ein Maß?
Es gibt keines.

Is there a measure on earth?
There is none.

DER HERBST
AUTUMN
1842

DER HERBST

Das Glänzen der Natur ist höheres Erscheinen,
Wo sich der Tag mit vielen Freuden endet,
Es ist das Jahr, das sich mit Pracht vollendet,
Wo Früchte sich mit frohem Glanz vereinen.

Das Erdenrund ist so geschmückt, und selten lärmet
Der Schall durchs offne Feld, die Sonne wärmet
Den Tag des Herbstes mild, die Felder stehen
Als eine Aussicht weit, die Lüfte wehen

Die Zweig' und Äste durch mit frohem Rauschen,
Wenn schon mit Leere sich die Felder dann vertauschen,
Der ganze Sinn des hellen Bildes lebet
Als wie ein Bild, das goldne Pracht umschwebet.

d. 15ten Nov. 1759.

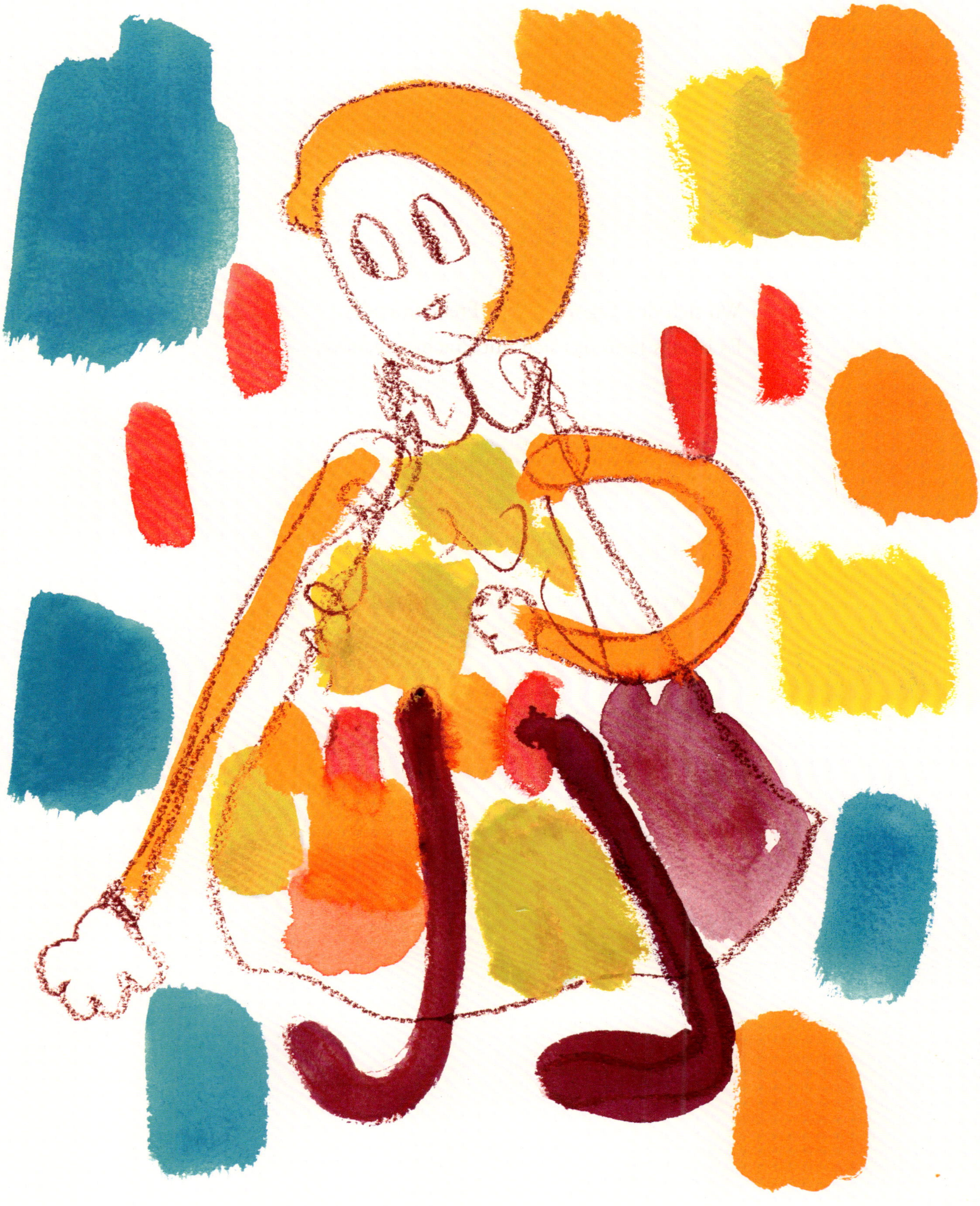

AUTUMN

Nature's radiance is higher revelation,
Where with many joys the day draws to its end,
'Tis the year itself, in glorious consummation,
Where fruits with joyous resplendence blend.

Earth's globe is duly adorned, seldom does a roar
Ring out through an open field, the sun gently warms
The autumnal day, the far fields are on show
Like broad views, the breezes blow

Through twigs and branches, rustling with cheerfulness,
When the fields trade places with an emptiness.
The full significance of this bright vision lives, like
An image ringed by golden light.

November 15, 1759

DER FRÜHLING
SPRING
1842

DER FRÜHLING

Wenn neu das Licht der Erde sich gezeiget,
Von Frühlingsregen glänzt das grüne Tal und munter
Der Blüten Weiß am hellen Strom hinunter,
Nachdem ein heitrer Tag zu Menschen sich geneiget.

Die Sichtbarkeit gewinnt von hellen Unterschieden,
Der Frühlingshimmel weilt mit seinem Frieden,
Daß ungestört der Mensch des Jahres Reiz betrachtet,
Und auf Vollkommenheit des Lebens achtet.

Mit Untertänigkeit
Scardanelli.

d. 15ten März 1842.

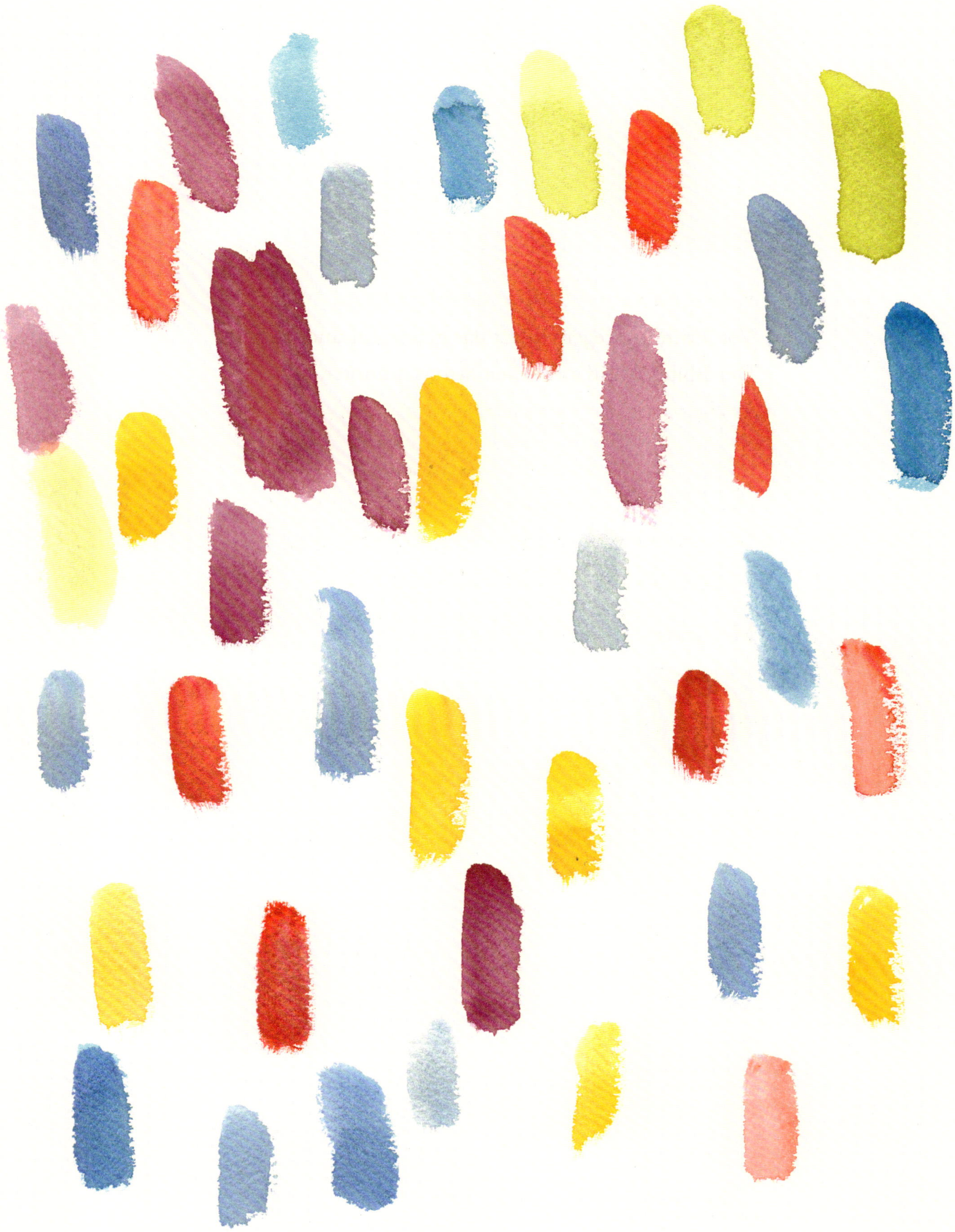

SPRING

When earth's light shows itself anew and so fine,
The verdant valley glistens with spring rain and brightly
White waters blossom downstream, sprightly
After a serene day bows to all humankind.

Sharp contrasts create increasing visibility,
The spring sky tarries in tranquility,
Thus the young year's charms inspire reflection,
And mortals pay attention to life's perfection.

With subservience,
Scardanelli

March 15, 1842

DER WINTER
WINTER
1842–1843

DER WINTER

Wenn sich das Jahr geändert, und der Schimmer
Der prächtigen Natur vorüber, blühet nimmer
Der Glanz der Jahreszeit, und schneller eilen
Die Tage dann vorbei, die langsam auch verweilen.

Der Geist des Lebens ist verschieden in den Zeiten
Der lebenden Natur, verschiedne Tage breiten
Das Glänzen aus, und immerneues Wesen
Erscheint den Menschen recht, vorzüglich und erlesen.

Mit Untertänigkeit
Scardanelli.

d. 24 Januar 1676.

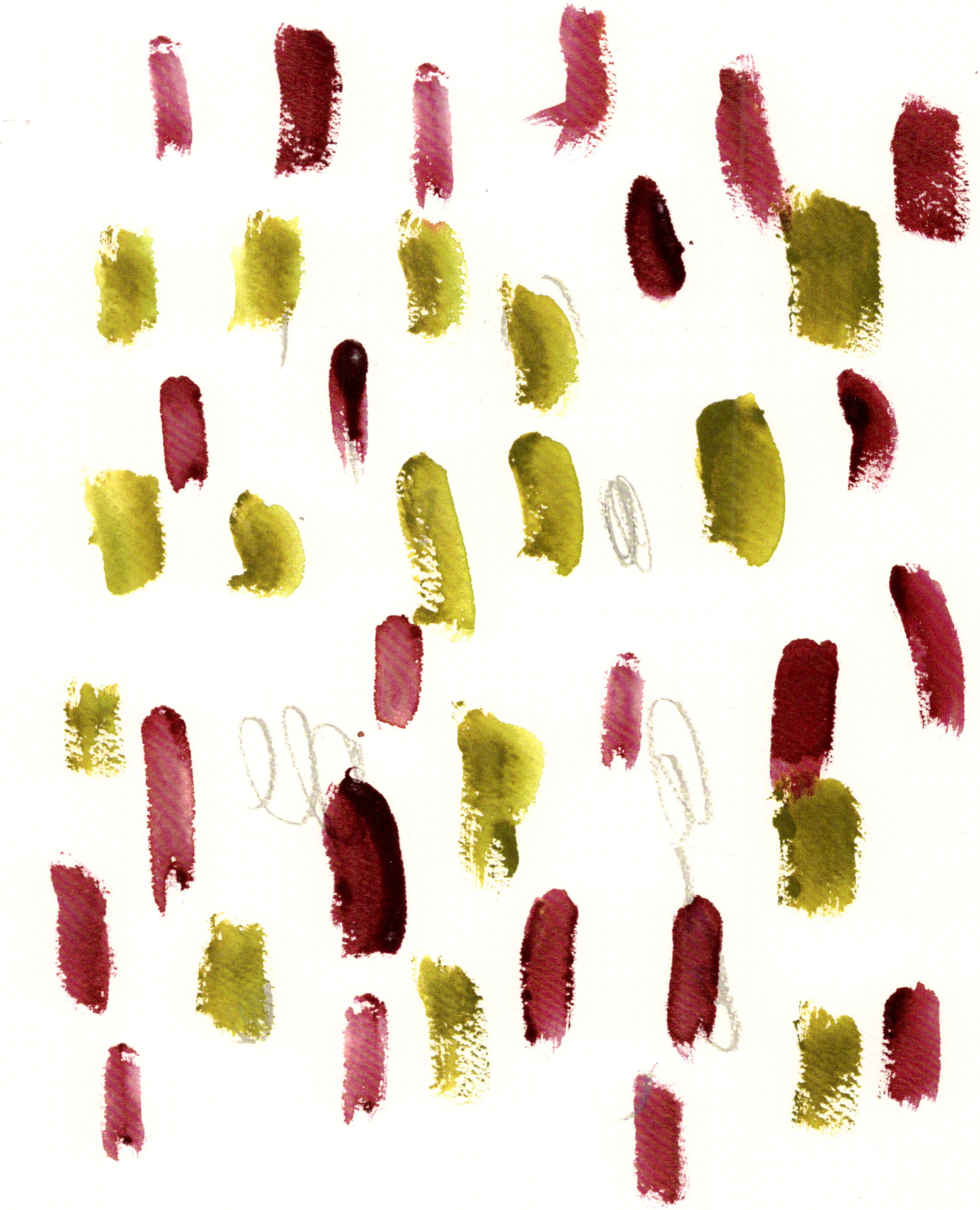

WINTER

When the year changes and the glimmer is gone
When Nature's magnificence flourishes no more
The season's resplendence swiftly passes, as do
the days, which also slowly drag on.

The spirit of life is different in times when
Nature is alive, when varied days unfurl
their splendour, and ever-newer ways of being
strike people as right, preferable and chosen.

With subservience,
Scardanelli

January 24, 1676

AUSSICHT
VIEW
1837–1839

AUSSICHT

Der offne Tag ist Menschen hell mit Bildern,
Wenn sich das Grün aus ebner Ferne zeiget,
Noch eh' des Abends Licht zur Dämmerung sich neiget,
Und Schimmer sanft den Klang des Tages mildern.
Oft scheint die Innerheit der Welt umwölkt, verschlossen,
Des Menschen Sinn von Zweifeln voll, verdrossen,
Die prächtige Natur erheitert seine Tage
Und ferne steht des Zweifels dunkle Frage.

Mit Untertänigkeit
Scardanelli.

den 24. März 1871.

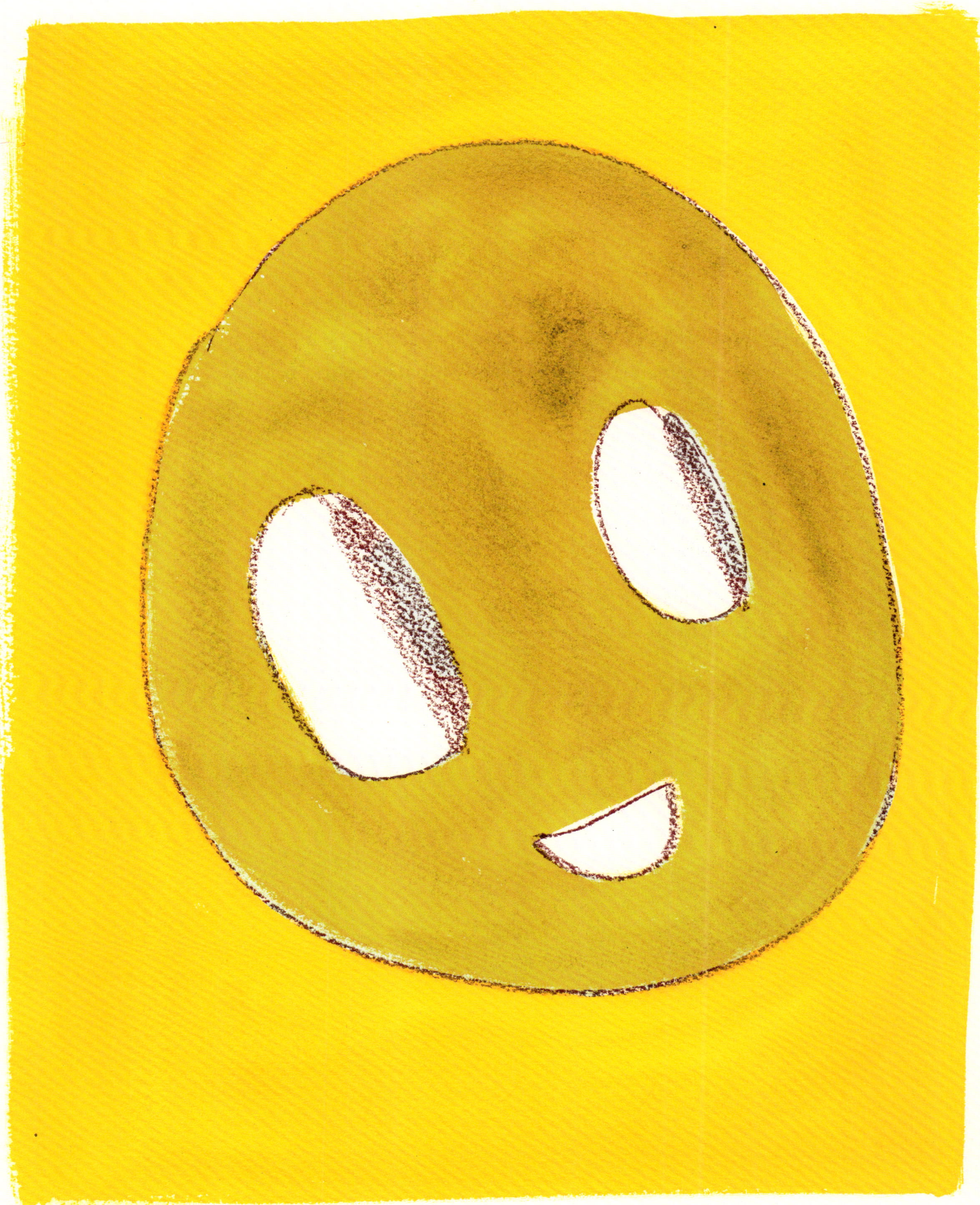

VIEW

For humans the height of day is bright with vivid views,
And verdure reveals itself from a level distance,
Yet evening light turns to dusk with insistence
Its glimmer stills all sounds of the day now through.
The world's interiority often seems clouded, withdrawn,
Mortals' minds full of doubts, led on,
Yet magnificent nature brightens their days
Banishing doubt's dark questions far away.

With subservience,
Scardanelli

March 24, 1871

DER HERBST
AUTUMN
1837

DER HERBST

Die Sagen, die der Erde sich entfernen,
Vom Geiste, der gewesen ist und wiederkehret,
Sie kehren zu der Menschheit sich, und vieles lernen
Wir aus der Zeit, die eilends sich verzehret.

Die Bilder der Vergangenheit sind nicht verlassen
Von der Natur, als wie die Tag' verblassen
Im hohen Sommer, kehrt der Herbst zur Erde nieder,
Der Geist der Schauer findet sich am Himmel wieder.

In kurzer Zeit hat vieles sich geendet,
Der Landmann, der am Pfluge sich gezeiget,
Er siehet, wie das Jahr sich frohem Ende neiget,
In solchen Bildern ist des Menschen Tag vollendet.

Der Erde Rund mit Felsen ausgezieret
Ist wie die Wolke nicht, die abends sich verlieret,
Es zeiget sich mit einem goldnen Tage,
Und die Vollkommenheit ist ohne Klage.

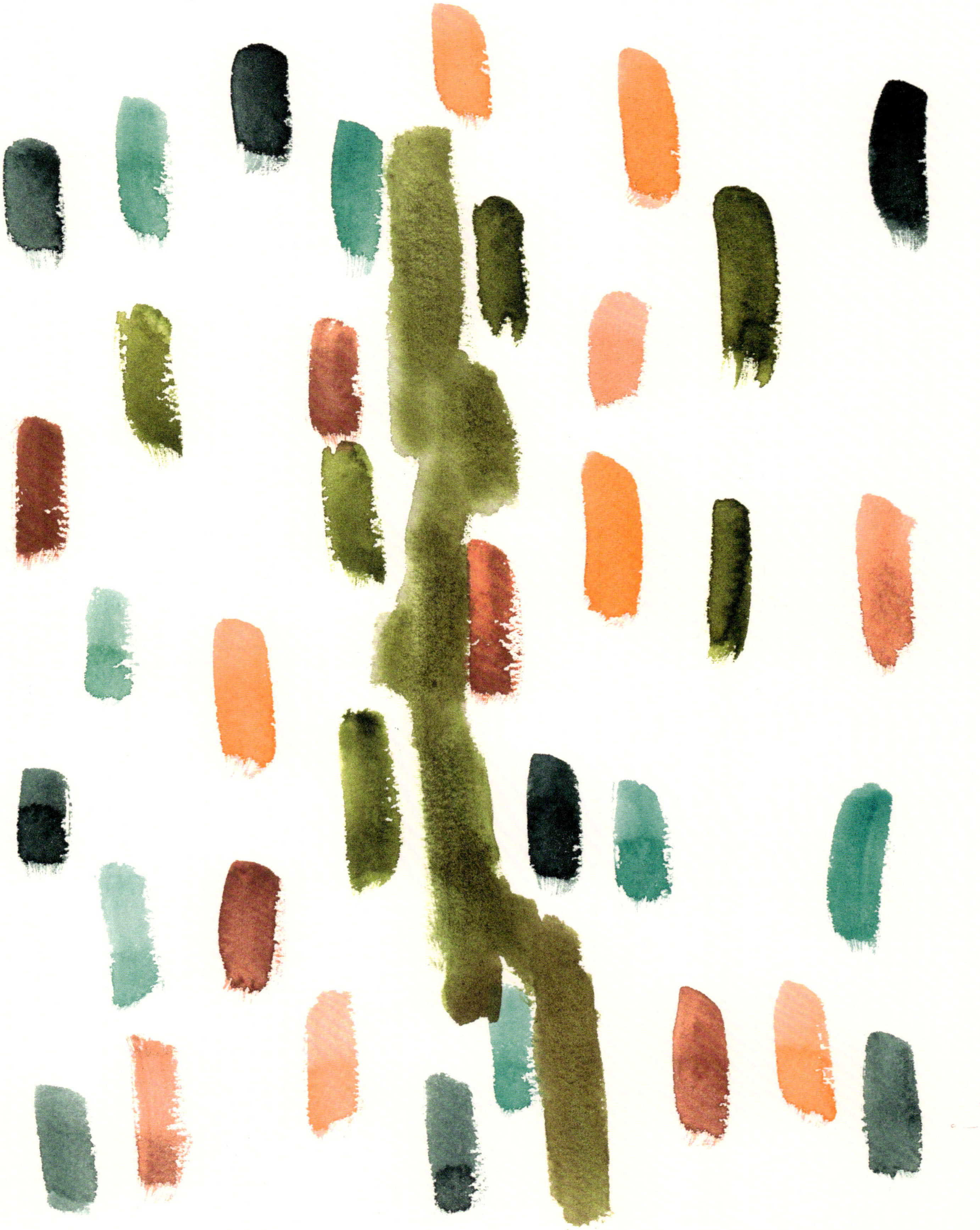

AUTUMN

The legends that depart from earth so vast,
And from the spirit which was and shall return,
They turn towards humanity, and much we learn
From time, which consumes itself so fast.

The images of the past are never mislaid
By Nature; the days of summer do fade,
And autumn descends to earth yet again;
A stormy spirit gathers in the heavens then.

So much has ended in times so fleet,
The peasant noted from his plough
How the year comes to a glad end now;
Such images make a human day complete.

The round earth with rock adorned
Is unlike the clouds, which after dusk are scorned;
It reveals itself in the golden day,
And perfection holds all complaint at bay.

WIE VÖGEL LANGSAM ZIEHN …
AS BIRDS SLOWLY MIGRATE…
1803–1805

WIE VÖGEL LANGSAM ZIEHN...

Wie Vögel langsam ziehn –
Es blicket voraus
Der Fürst und kühl wehn
An die Brust ihm die Begegnisse wenn
Es um ihn schweiget, hoch
In der Luft, reich glänzend aber hinab
Das gut ihm liegt der Länder, und mit ihm sind
Das erstemal siegforschend die Jungen.
Er aber mäßiget mit
Der Fittige Schlag.

AS BIRDS SLOWLY MIGRATE…

As birds slowly migrate—
The prince gazes ahead
And all he encounters
Coolly blows at his chest, when
Silence surrounds him, high
Up in the air, yet his regions richly shine
Down below, and with him are
The young, seeking victory for the first time.
He, however, moderates with
The beat of his wings.

DER SOMMER
SUMMER
1842

DER SOMMER

Im Tale rinnt der Bach, die Berg' an hoher Seite,
Sie grünen weit umher an dieses Tales Breite,
Und Bäume mit dem Laube stehn gebreitet,
Daß fast verborgen dort der Bach hinunter gleitet.

So glänzt darob des schönen Sommers Sonne,
Daß fast zu eilen scheint des hellen Tages Wonne,
Der Abend mit der Frische kommt zu Ende,
Und trachtet, wie er das dem Menschen noch vollende.

Mit Untertänigkeit
Scardanelli.

d. 24 Mai 1758.

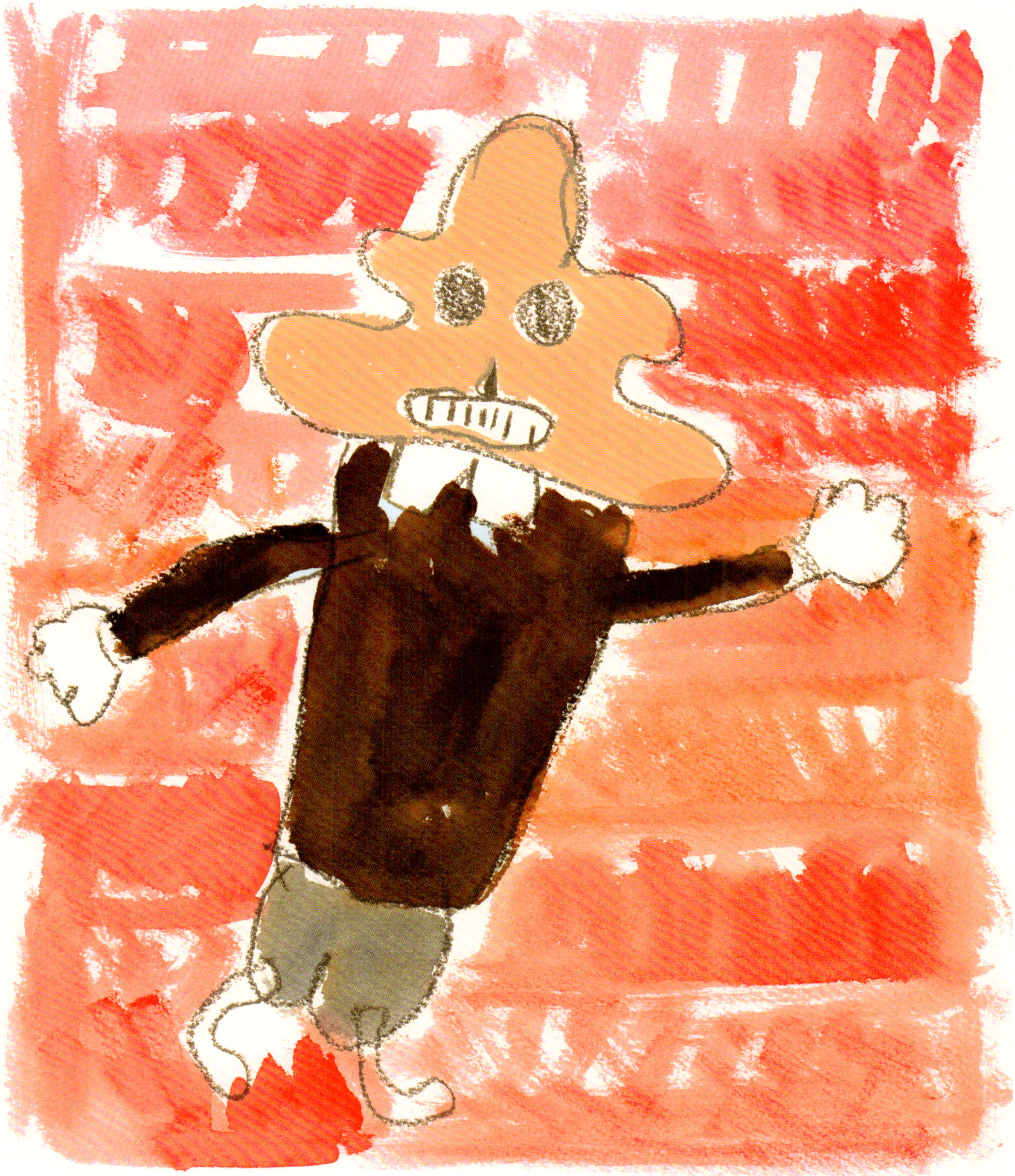

SUMMER

Brooks thread the valleys, peaks loom to either side,
Verdure bursts beyond this vale so wide,
And trees stand broad, their arbors spread,
So each brook glides down a nearly hidden bed.

Summer's sweet sun shines above, so bright,
It almost seems to hasten the fair day's delight,
Evening's coolness comes toward the end,
And strives for completion, for humankind to amend.

With subservience,
Scardanelli

May 24, 1758

HÄLFTE DES LEBENS
HALF OF LIFE
1802–1803

HÄLFTE DES LEBENS

Mit gelben Birnen hänget
Und voll mit wilden Rosen
Das Land in den See,
Ihr holden Schwäne,
Und trunken von Küssen
Tunkt ihr das Haupt
Ins heilignüchterne Wasser.

Weh mir, wo nehm' ich, wenn
Es Winter ist, die Blumen, und wo
Den Sonnenschein,
Und Schatten der Erde?
Die Mauern stehn
Sprachlos und kalt, im Winde
Klirren die Fahnen.

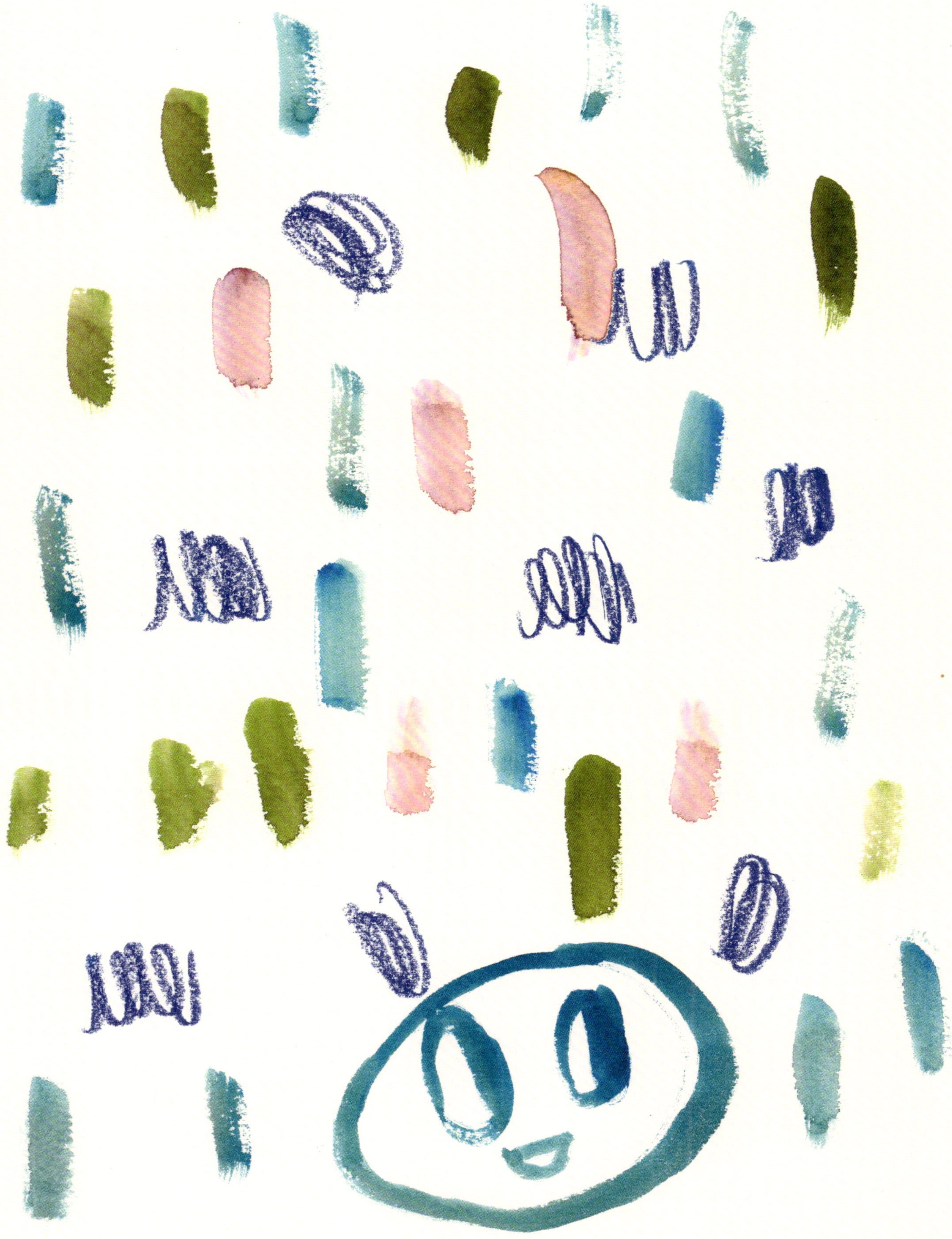

HALF OF LIFE

Draped in yellow pears
And full of wild roses
The land hangs into the lake,
O fair swans,
And, drunk with kisses,
You dip your heads
Into sacred-sober waters.

O woe is me, where shall I find
flowers, come winter, and where
Sunshine,
And earth's shade?
Walls loom
Speechless and cold, in the wind
Icy flags clang.

AN ZIMMERN TO ZIMMER 1812

AN ZIMMERN

Die Linien des Lebens sind verschieden
Wie Wege sind, und wie der Berge Grenzen.
Was hier wir sind, kann dort ein Gott ergänzen
Mit Harmonien und ewigem Lohn und Frieden.

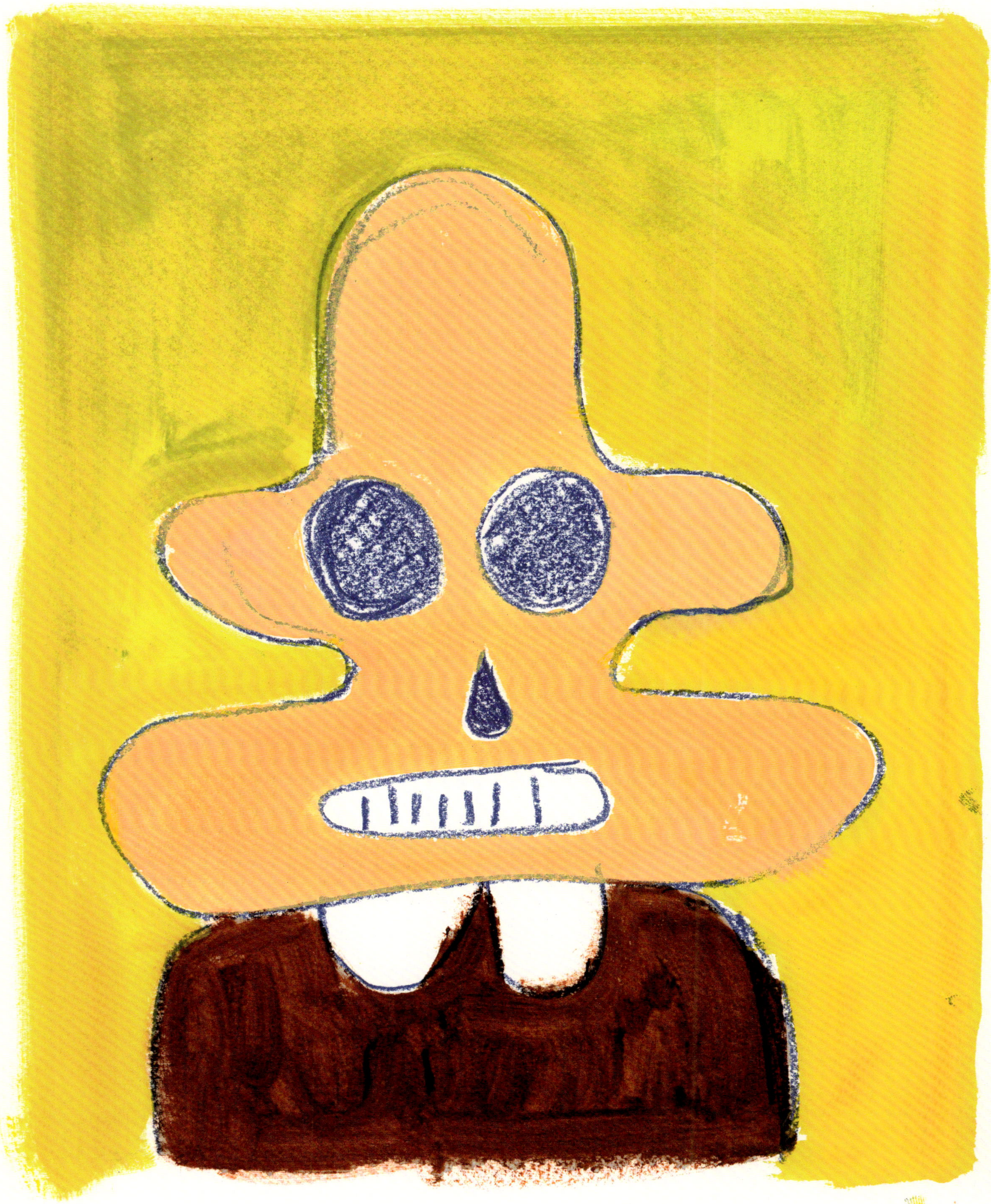

TO ZIMMER

The lines of life are varied and contrasting
Much like paths, or a bounded mountain land.
What we are here, a God there can amend
With harmonies, reward, and peace everlasting.

DER FRÜHLING
SPRING
1841

DER FRÜHLING

Der Mensch vergißt die Sorgen aus dem Geiste,
Der Frühling aber blüht, und prächtig ist das meiste,
Das grüne Feld ist herrlich ausgebreitet,
Da glänzend schön der Bach hinuntergleitet.

Die Berge stehn bedecket mit den Bäumen,
Und herrlich ist die Luft in offnen Räumen,
Das weite Tal ist in der Welt gedehnet
Und Turm und Haus an Hügeln angelehnet.

Mit Untertänigkeit
Scardanelli.

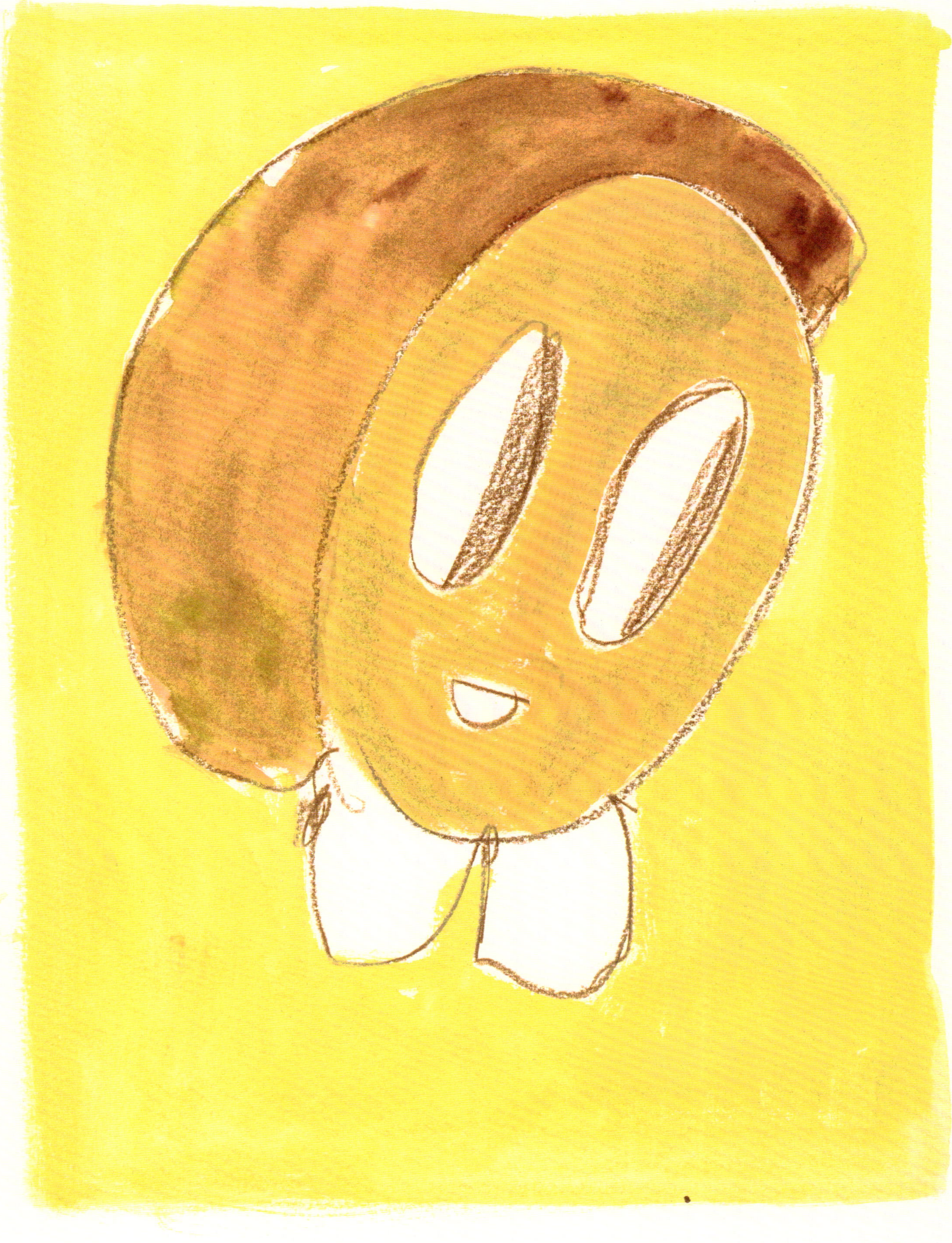

SPRING

Mortals forget the spirit's woes,
But spring is in bloom, and most of it glows,
Green fields spread oh so beautifully,
Where streams flow along resplendently.

Mountains don mantles of trees in bloom,
Windows open, fresh air fills each room,
Wide vales expand out into the world
And towers and houses lean on hills unfurled.

With subservience,
Scardanelli

DER KIRCHHOF
THE CHURCHYARD
1825–1840

DER KIRCHHOF

Du stiller Ort, der grünt mit jungem Grase,
Da liegen Mann und Frau, und Kreuze stehn,
Wohin hinaus geleitet Freunde gehn,
Wo Fenster sind glänzend mit hellem Glase.

Wenn glänzt an dir des Himmels hohe Leuchte
Des Mittags, wann der Frühling dort oft weilt,
Wenn geistige Wolke dort, die graue, feuchte,
Wenn sanft der Tag vorbei mit Schönheit eilt!

Wie still ist's nicht an jener grauen Mauer,
Wo drüber her ein Baum mit Früchten hängt;
Mit schwarzen tauigen, und Laub voll Trauer,
Die Früchte aber sind sehr schön gedrängt.

Dort in der Kirch' ist eine dunkle Stille
Und der Altar ist auch in dieser Nacht geringe,
Noch sind darin einige schöne Dinge,
Im Sommer aber singt auf Feldern manche Grille.

Wenn einer dort Reden des Pfarrherrn hört,
Indes die Schar der Freunde steht daneben,
Die mit dem Toten sind, welch eignes Leben
Und welcher Geist, und fromm sein ungestört.

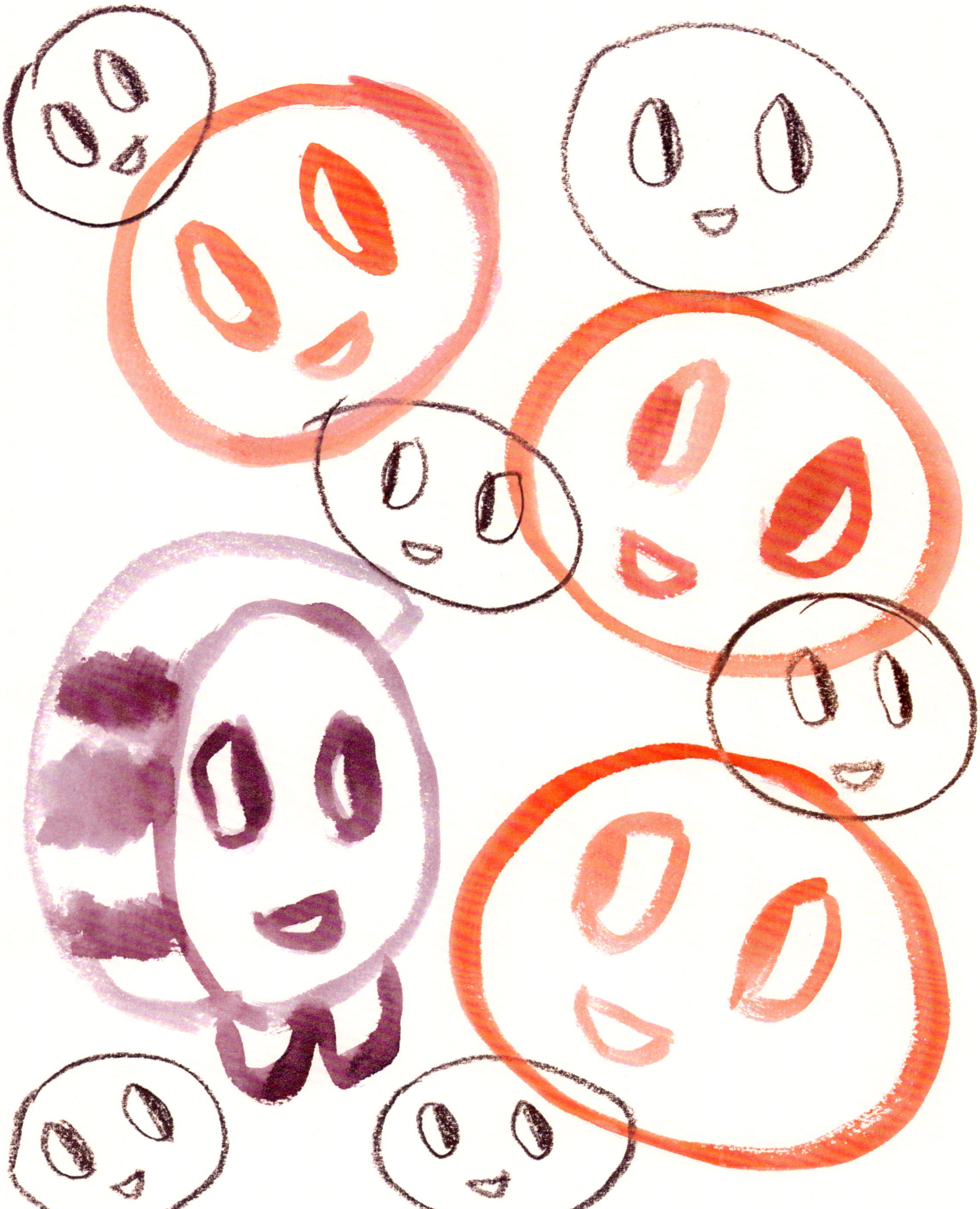

THE CHURCHYARD

You tranquil place, green with young grass,
There man and woman lie, crosses stand,
Where friends are ushered out, and
Windows shine with brightest glass.

When upon you shines heaven's high lamp
At noon, when spring often lingers at last,
When a spiritual cloud, so gray and damp,
When gently the day in beauty hurries past.

It's so very quiet by that gray wall,
By that tree full of fruit soon to drop;
Dewy black drupes, leaves prone to pall,
Yet such a well-bunched, abundant crop.

There in the church a gloomy stillness prevails
And on this night the altar lies bare
Yet still some lovely things are there
Come summer, crickets sing in the dales.

When someone hears the pastor speak,
Surrounded by friends standing by,
They are with the dead, and their own lives,
And with such spirit piety feels no pique.

ABENDPHANTASIE
EVENING FANTASY
1799

ABENDPHANTASIE

Vor seiner Hütte ruhig im Schatten sitzt
Der Pflüger, dem Genügsamen raucht sein Herd.
Gastfreundlich tönt dem Wanderer im
Friedlichen Dorfe die Abendglocke.

Wohl kehren itzt die Schiffer zum Hafen auch,
In fernen Städten, fröhlich verrauscht des Markts
Geschäft'ger Lärm; in stiller Laube
Glänzt das gesellige Mahl den Freunden.

Wohin denn ich? Es leben die Sterblichen
Von Lohn und Arbeit; wechselnd in Müh' und Ruh'
Ist alles freudig; warum schläft denn
Nimmer nur mir in der Brust der Stachel?

Am Abendhimmel blühet ein Frühling auf;
Unzählig blühn die Rosen und ruhig scheint
Die goldne Welt; o dorthin nimmt mich
Purpurne Wolken! und möge droben

In Licht und Luft zerinnen mir Lieb' und Leid! –
Doch, wie verscheucht von töriger Bitte, flieht
Der Zauber; dunkel wird's und einsam
Unter dem Himmel, wie immer, bin ich –

Komm du nun, sanfter Schlummer! zu viel begehrt
Das Herz; doch endlich, Jugend! verglühst du ja,
Du ruhelose, träumerische!
Friedlich und heiter ist dann das Alter.

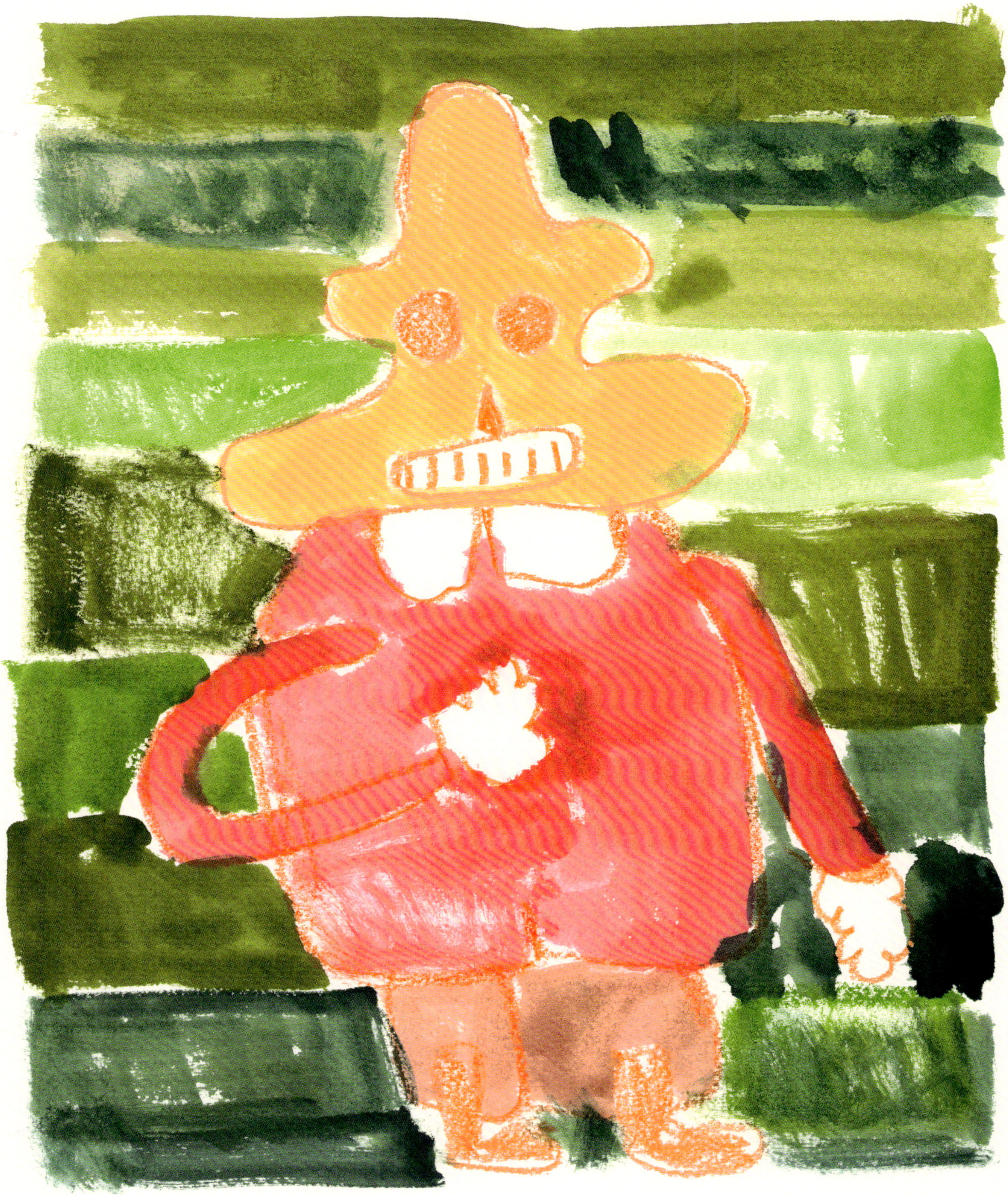

EVENING FANTASY

The plowman sits peacefully outside his hut,
   In the shade, smoke rising from his humble hearth.
      The wanderer hears vesper bells ring
         Welcoming him to the quiet village.

The boatmen must be returning to harbor,
   In faraway towns the markets' hubbub
      Subsides; below a quiet bower
         A convivial meal beckons to friends.

And where shall I go? Don't mortals get by on
   Wages and work? Balancing toil and rest
      Brings joy. Why then do I, all alone,
         Find no respite from the thorn deep in my side?

Spring is in bloom up in the wide evening sky,
   Countless roses blossom, and the golden world
      seems so very calm. O take me there,
         Crimson clouds! And, there on high, may all my

Love and sorrow now melt into light and air!—
   But, as if frightened by such a foolish plea,
      The magic flees. Darkness falls, and then
         I'm alone below the heavens, always—

Come now, sweet slumber! The heart desires far
   Too much. Yet restless, dreamy youth finally
      You shall burn out, extinguished at last!
         Then old age will be peaceful and serene.

DES MORGENS
IN THE MORNING
1799

DES MORGENS

Vom Taue glänzt der Rasen; beweglicher
Eilt schon die wache Quelle; die Buche neigt
Ihr schwankes Haupt und im Geblätter
Rauscht es und schimmert; und um die grauen

Gewölke streifen rötliche Flammen dort,
Verkündende, sie wallen geräuschlos auf;
Wie Fluten am Gestade, wogen
Höher und höher die Wandelbaren.

Komm nun, o komm, und eile mir nicht zu schnell,
Du goldner Tag, zum Gipfel des Himmels fort!
Denn offner fliegt, vertrauter dir mein
Auge, du Freudiger! zu, solang du

In deiner Schöne jugendlich blickst und noch
Zu herrlich nicht, zu stolz mir geworden bist;
Du möchtest immer eilen, könnt ich,
Göttlicher Wandrer, mit dir! – doch lächelst

Des frohen Übermütigen du, daß er
Dir gleichen möchte; segne mir lieber dann
Mein sterblich Tun und heitre wieder
Gütiger! heute den stillen Pfad mir.

IN THE MORNING

Laden with dew, the lawn glistens; more awake
  The spring nimbly rushes on; the beech tree bows
    Her swaying head and in the leaves a
      Rustle and shimmer arise; there, around

The gray clouds, reddish flames flicker and flare up,
  Heralding something, they silently surge forth;
    Like floodtides come ashore, they do change,
      They billow higher and ever higher.

Come now, O come, yet make no haste on your way,
  You golden day, proceed to heavenly heights!
    For my eyes fly toward you, Joyful one,
      More familiar and more open! While

Youthful in your beauty you gaze, you've not yet
  Grown too glorious, dazzling, or proud for me;
    You'd always rush, if only I could
      Go with you, Divine wanderer!—Sure, you smile

At my boisterous spirits, would that they could
  Be like you; or rather bless my mortal doings
    And once again today, Gracious one,
      Brighten the quiet path that lies before me.

WENN NÄMLICH DER REBE SAFT …
FOR WHEN THE GRAPEVINE'S SAP…
1803–1805

WENN NÄMLICH DER REBE SAFT...

Wenn nämlich der Rebe Saft,
Das milde Gewächs suchet Schatten
Und die Traube wächset unter dem kühlen
Gewölbe der Blätter,
Den Männern eine Stärke,
Wohl aber duftend den Jungfrauen,
Und Bienen,
Wenn sie vom Wohlgeruche
Des Frühlings trunken, der Geist
Der Sonne rühret, irren ihr nach
Die Getriebenen, wenn aber
Ein Strahl brennt, kehren sie
Mit Gesumm, vielahnend
    darob
        die Eiche rauschet,

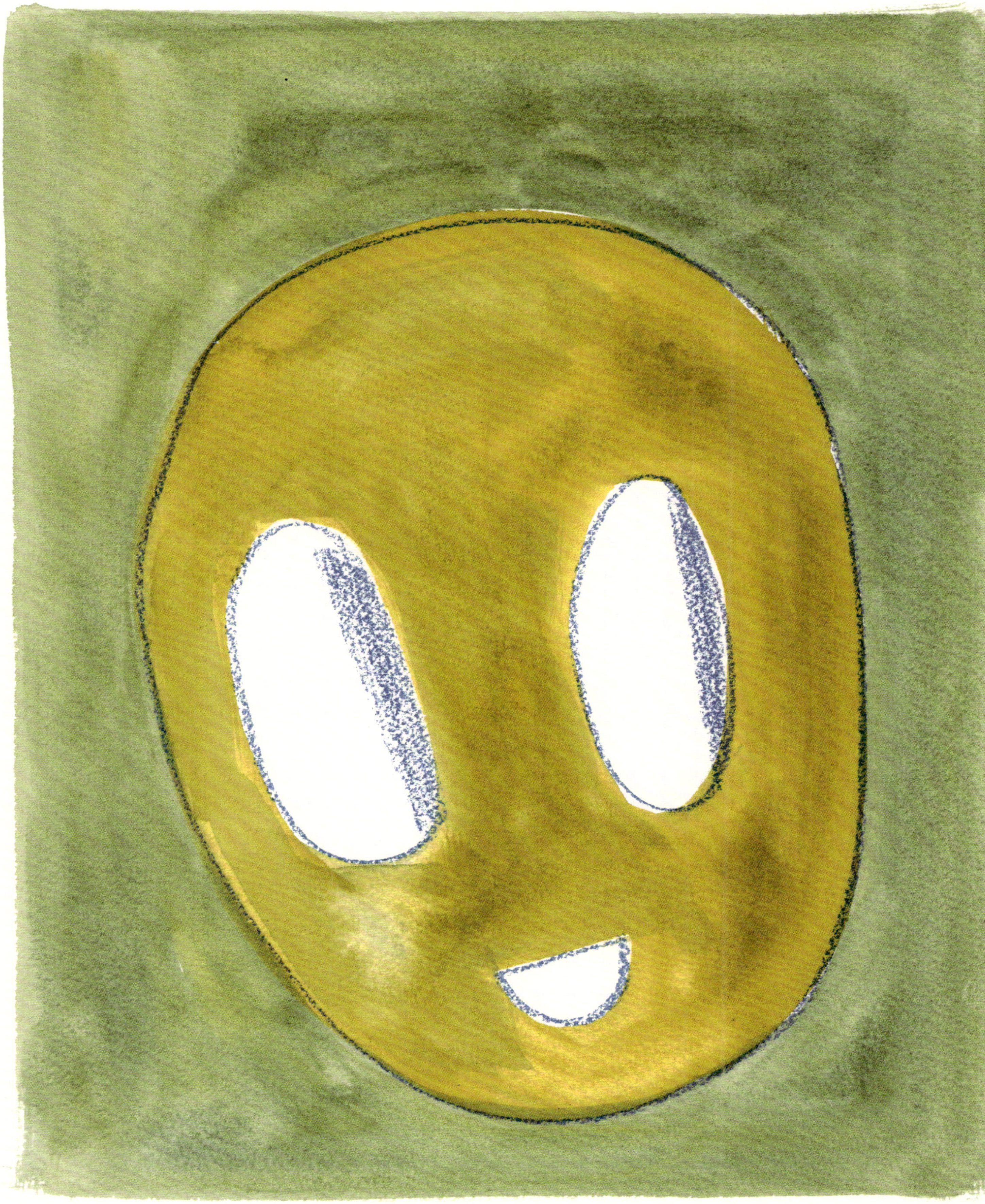

FOR WHEN THE GRAPEVINE'S SAP...

For when the grapevine's sap,
That mild plant, seeks shade
And the grape grows below the cool
Vault of leaves,
For men a source of strength,
Yet fragrant to maidens,
And bees,
When, drunk with the scent
Of spring, and stirred
By the sun's spirit, they err
After her, yet when
A sunbeam burns, they return
Humming, suspecting
    overhead
        the oak rustles,

DER FRÜHLING
SPRING
1843

DER FRÜHLING

Die Sonne kehrt zu neuen Freuden wieder,
Der Tag erscheint mit Strahlen, wie die Blüte,
Die Zierde der Natur erscheint sich dem Gemüte,
Als wie entstanden sind Gesang und Lieder.

Die neue Welt ist aus der Tale Grunde,
Und heiter ist des Frühlings Morgenstunde,
Aus Höhen glänzt der Tag, des Abends Leben
Ist der Betrachtung auch des innern Sinns gegeben.

Mit Untertänigkeit
Scardanelli.

d. 20 Jan. 1758.

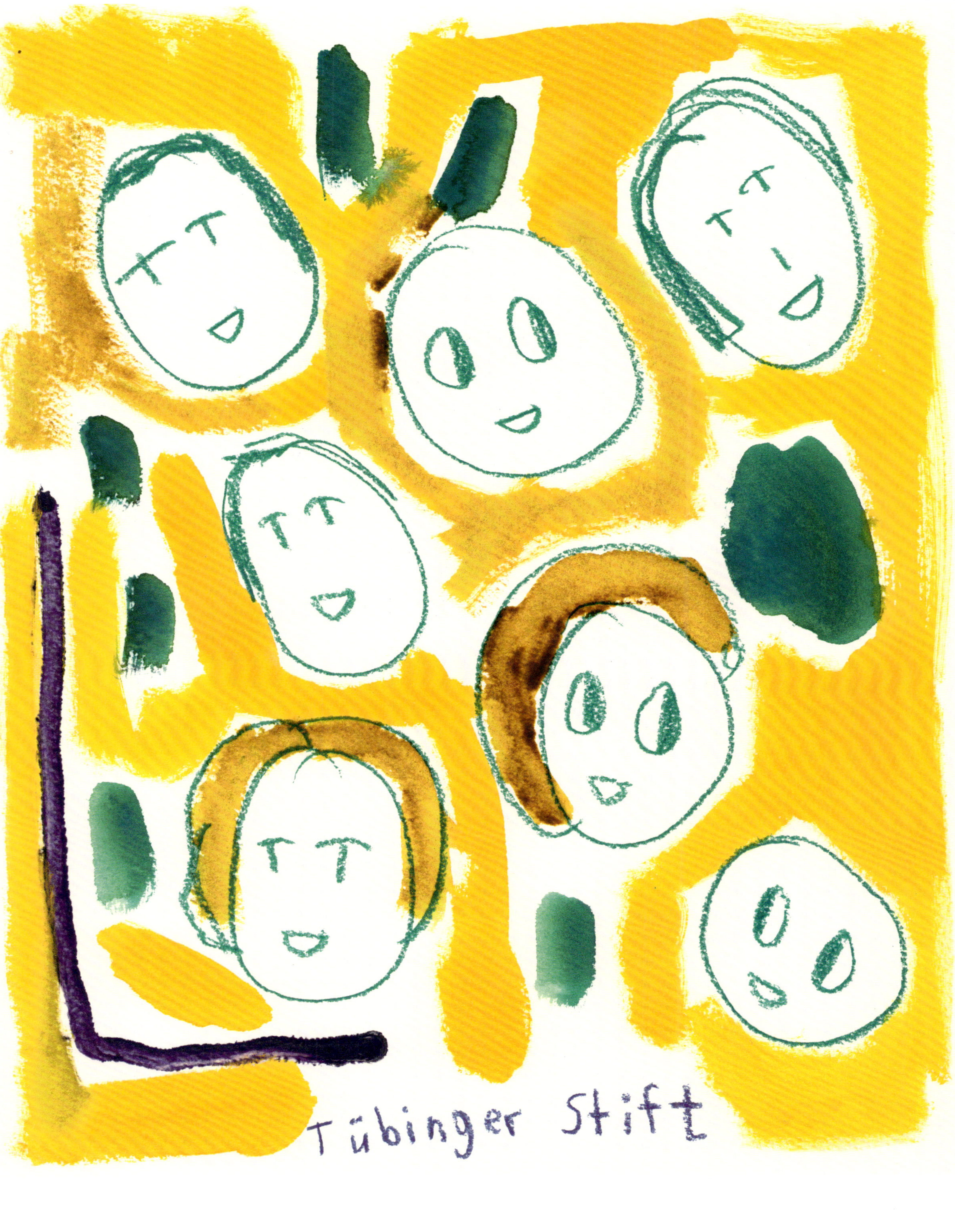
Tübinger Stift

SPRING

The sun returns to fresh pleasures by and by,
Day appears, and in floral rays it does surge,
Much as singing and chanting also emerge,
Nature's adornment appears in the mind's eye.

The new world comes forth from the valley floor,
And springtime mornings are cheerful once more,
The day shines from on high, evening's vocation
Is also inclined to meaning's contemplation.

With subservience
Scardanelli

January 20, 1758

AN DIE PARZEN
TO THE FATES
1798

AN DIE PARZEN

Nur *Einen* Sommer gönnt, ihr Gewaltigen!
Und einen Herbst zu reifem Gesange mir,
Daß williger mein Herz, vom süßen
Spiele gesättiget, dann mir sterbe.

Die Seele, der im Leben ihr göttlich Recht
Nicht ward, sie ruht auch drunten im Orkus nicht;
Doch ist mir einst das Heil'ge, das am
Herzen mir liegt, das Gedicht gelungen,

Willkommen dann, o Stille der Schattenwelt!
Zufrieden bin ich, wenn auch mein Saitenspiel
Mich nicht hinab geleitet; *Einmal*
Lebt ich, wie Götter, und mehr bedarfs nicht.

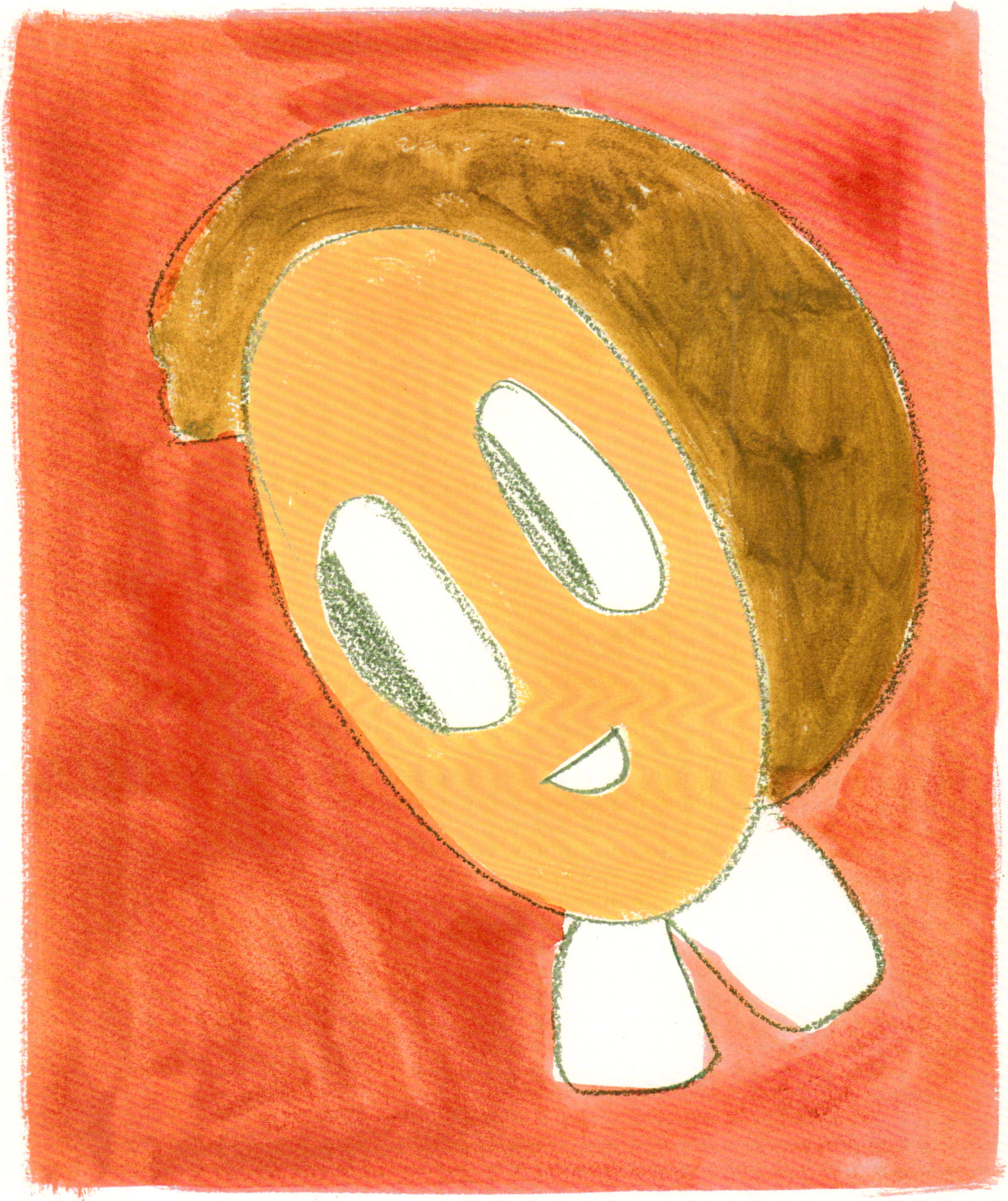

TO THE FATES

Allow me but *One* summer, powerful Fates!
  And just one more autumn for fully ripe song,
    So that my heart, sated by music's
      Sweet harvest, may then more willingly die.

The soul, denied its divine right here on Earth,
  Shall find no repose down in Orcus either;
    But when what I hold dear is done, the
      holy goal, the poem, is perfected,

Well then, welcome, O silent world of shadow!
  I'll be content, even leaving my lyre here
    To go down all alone; *Once*, indeed,
      I lived, like the gods, and thus need no more.

IN LIEBLICHER BLÄUE…
IN LOVELY BLUE…

1808

IN LIEBLICHER BLÄUE…

In lieblicher Bläue blühet mit dem metallenen Dache der Kirchturm. Den umschwebet Geschrei der Schwalben, den umgibt die rührendste Bläue. Die Sonne gehet hoch darüber und färbet das Blech, im Winde aber oben stille krähet die Fahne. Wenn einer unter der Glocke dann herabgeht, jene Treppen, ein stilles Leben ist es, weil, wenn abgesondert so sehr die Gestalt ist, die Bildsamkeit herauskommt dann des Menschen. Die Fenster, daraus die Glocken tönen, sind wie Tore an Schönheit. Nämlich, weil noch der Natur nach sind die Tore, haben diese die Ähnlichkeit von Bäumen des Walds. Reinheit aber ist auch Schönheit. Innen aus Verschiedenem entsteht ein ernster Geist. So sehr einfältig aber die Bilder, so sehr heilig sind die, daß man wirklich oft fürchtet, die zu beschreiben. Die Himmlischen aber, die immer gut sind, alles zumal, wie Reiche, haben diese, Tugend und Freude. Der Mensch darf das nachahmen. Darf, wenn lauter Mühe das Leben, ein Mensch aufschauen und sagen: so will ich auch sein? Ja. So lange die Freundlichkeit noch am Herzen, die Reine, dauert, misset nicht unglücklich der Mensch sich mit der Gottheit. Ist unbekannt Gott? Ist er offenbar wie die Himmel? dieses glaub' ich eher. Des Menschen Maß ist's. Voll Verdienst, doch dichterisch, wohnet der Mensch auf dieser Erde. Doch reiner ist nicht der Schatten der Nacht mit den Sternen, wenn ich so sagen könnte, als der Mensch, der heißet ein Bild der Gottheit.

in lieblicher Bläue

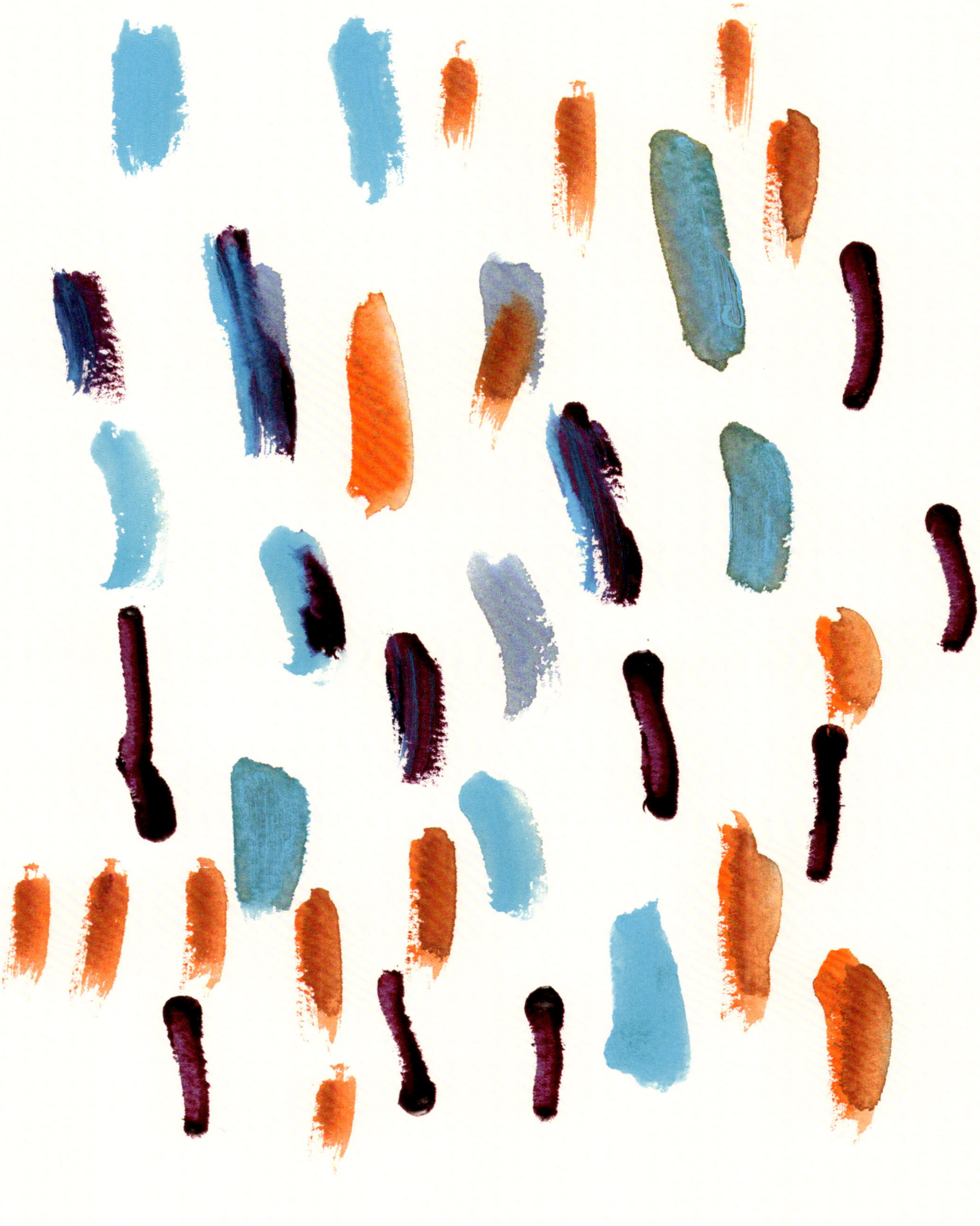

Gibt es auf Erden ein Maß? Es gibt keines. Nämlich es hemmen den Donnergang nie die Welten des Schöpfers. Auch eine Blume ist schön, weil sie blühet unter der Sonne. Es findet das Aug' oft im Leben Wesen, die viel schöner noch zu nennen wären als die Blumen. O! ich weiß das wohl! Denn zu bluten an Gestalt und Herz, und ganz nicht mehr zu sein, gefällt das Gott? Die Seele aber, wie ich glaube, muß rein bleiben, sonst reicht an das Mächtige auf Fittigen der Adler mit lobendem Gesange und der Stimme so vieler Vögel. Es ist die Wesenheit, die Gestalt ist's. Du schönes Bächlein, du scheinest rührend, indem du rollest so klar, wie das Auge der Gottheit, durch die Milchstraße. Ich kenne dich wohl, aber Tränen quillen aus dem Auge. Ein heiteres Leben seh' ich in den Gestalten mich umblühen der Schöpfung, weil ich es nicht unbillig vergleiche den einsamen Tauben auf dem Kirchhof. Das Lachen aber scheint mich zu grämen der Menschen, nämlich ich hab' ein Herz. Möcht' ich ein Komet sein? Ich glaube. Denn sie haben die Schnelligkeit der Vögel; sie blühen an Feuer, und sind wie Kinder an Reinheit. Größeres zu wünschen, kann nicht des Menschen Natur sich vermessen. Der Tugend Heiterkeit verdient auch gelobt zu werden vom ernsten Geiste, der zwischen den drei Säulen wehet des Gartens. Eine schöne Jungfrau muß das Haupt umkränzen mit Myrtenblumen, weil sie einfach ist ihrem Wesen nach und ihrem Gefühl. Myrten aber gibt es in Griechenland.

Wenn einer in den Spiegel siehet, ein Mann, und siehet darin sein Bild, wie abgemalt; es gleicht dem Manne. Augen hat des Menschen Bild, hingegen Licht der Mond. Der König Oedipus hat ein Auge zuviel vielleicht. Diese Leiden dieses Mannes, sie scheinen unbeschreiblich, unaussprechlich, unausdrücklich. Wenn das Schauspiel ein solches darstellt, kommt's daher. Wie ist mir's aber, gedenk' ich deiner jetzt? Wie Bäche reißt das Ende von Etwas mich dahin, welches sich wie Asien ausdehnet. Natürlich dieses Leiden, das hat Oedipus. Natürlich ist's darum. Hat auch Herkules gelitten? Wohl. Die Dioskuren in ihrer Freundschaft haben die nicht Leiden auch getragen? Nämlich wie Herkules mit Gott zu streiten, das ist Leiden. Und die Unsterblichkeit im Neide dieses Lebens, diese zu teilen, ist ein Leiden auch. Doch das ist auch ein Leiden, wenn mit Sommerflecken ist bedeckt ein Mensch, mit manchen Flecken ganz überdeckt zu sein! Das tut die schöne Sonne: nämlich die ziehet alles auf. Die Jünglinge führt die Bahn sie mit Reizen ihrer Strahlen wie mit Rosen. Die Leiden scheinen so, die Oedipus getragen, als wie ein armer Mann klagt, daß ihm etwas fehle. Sohn Laios, armer Fremdling in Griechenland! Leben ist Tod, und Tod ist auch ein Leben.

IN LOVELY BLUE…

In lovely blue the steeple blossoms with its metal roof. Swallows' cries float around it, the most moving blue surrounds it. The sun soars high above and colors the metal sheet, yet up on top the weathervane silently crows in the wind. If one descends below the bell, down those stairs, it is a still life, because, when the figure is so detached, the person's likeness comes out. The windows from which the bells ring are like gates of beauty. That is, because gates are still formed according to nature, they resemble trees in the forest. But purity is also beauty. From difference within, a serious spirit arises. But these images are so simple, so very sacred, that one is often afraid to describe them. Yet Heavenly beings, who are always good, all things simultaneously, like entire realms, have these, virtue and joy. And human beings may imitate them. When life is rife with troubles, may people look up and say: might I, too, wish to be like them? Yes. As long as kindness, the pure one, endures near the heart, people may gladly measure themselves against the Godly. Is God unknown? Is he clear as the sky and heavens? This I rather believe. It is the measure of man. Full of merit, yet poetically, humans dwell upon this Earth. Yet the shadow of night with its stars is no purer, if I may say so, than human beings, who are called an image of the Godly.

Is there a measure on earth? There is none. For the Creator's worlds never limit the thunder's progress. Even a flower is beautiful, because it blooms under the sun. Often in life the eye finds beings that could be called even more beautiful than flowers. Oh, as I well know! For to bleed in both body and heart, and to be no more whatsoever, would that please God? Yet the soul, I believe, must remain pure, lest the eagle and its pinions reach far as the Mighty with its song of praise and the voice of so many birds. It is the essence, 'tis the form. You beautiful little stream, you seem touching, as you flow so clearly, like the eye of the Godly, through the Milky Way. I know you well, yet tears well up in my eyes. I see a bright life blossoming all around me in the forms of creation because, not unfittingly, I compare it to the lonely doves in the churchyard. But laughter turns me away from my fellows, for I have a heart. Would I like to be a comet? I believe so. For they possess birds' swiftness; they blossom with fire, and are like children in their purity. Human nature cannot presume to desire anything greater. The serenity of virtue also deserves to be praised by the serious spirit, which wafts between the garden's three pillars. A beautiful maiden must wreathe her head in myrtle flowers because she is simple in both nature and feeling. But myrtles are in Greece.

If a man looks into a mirror and sees his image in it, as if painted; it resembles the man. A man's image has eyes, yet the moon has light. King Oedipus has one eye too many, perhaps. These sufferings of this man seem indescribable, unspeakable, inexpressible. If the play represents as much, that is where it comes from. But what comes over me, if I think of you now? Like streams, the end of something sweeps me away, and expands like Asia. Of course this suffering, Oedipus has it as well. Of course that's why. Did Hercules suffer too? I suppose so. Didn't the Dioscuri, in their friendship, also bear such affliction? For to fight with God, like Hercules, is to suffer. And to be immortal in the envy of this life, to share in that, is an affliction, too. But it is also an affliction when a person is covered in freckles, to be completely covered in such spots! That is what the beautiful sun does: it brings everything up. It leads the young along on their path with its rays charming as roses. The afflctions Oedipus bore seem like a poor man lamenting there is something he lacks. Son of Laius, poor little stranger in Greece! Life is death, and death as well is a life.

DER FRÜHLING
SPRING
1829–1832

DER FRÜHLING

Wie selig ists, zu sehn, wenn Stunden wieder tagen,
Wo sich vergnügt der Mensch umsieht in den Gefilden,
Wenn Menschen sich um das Befinden fragen,
Wenn Menschen sich zum frohen Leben bilden.

Wie sich der Himmel wölbt, und auseinander dehnet,
So ist die Freude dann an Ebnen und im Freien,
Wenn sich das Herz nach neuem Leben sehnet,
Die Vögel singen, zum Gesange schreien.

Der Mensch, der oft sein Inneres gefraget,
Spricht von dem Leben dann, aus dem die Rede gehet,
Wenn nicht der Gram an einer Seele naget,
Und froh der Mann vor seinen Gütern stehet.

Wenn eine Wohnung prangt, in hoher Luft gebauet,
So hat der Mensch das Feld geräumiger und Wege
Sind weit hinaus, daß Einer um sich schauet,
Und über einen Bach gehen wohlgebaute Stege.

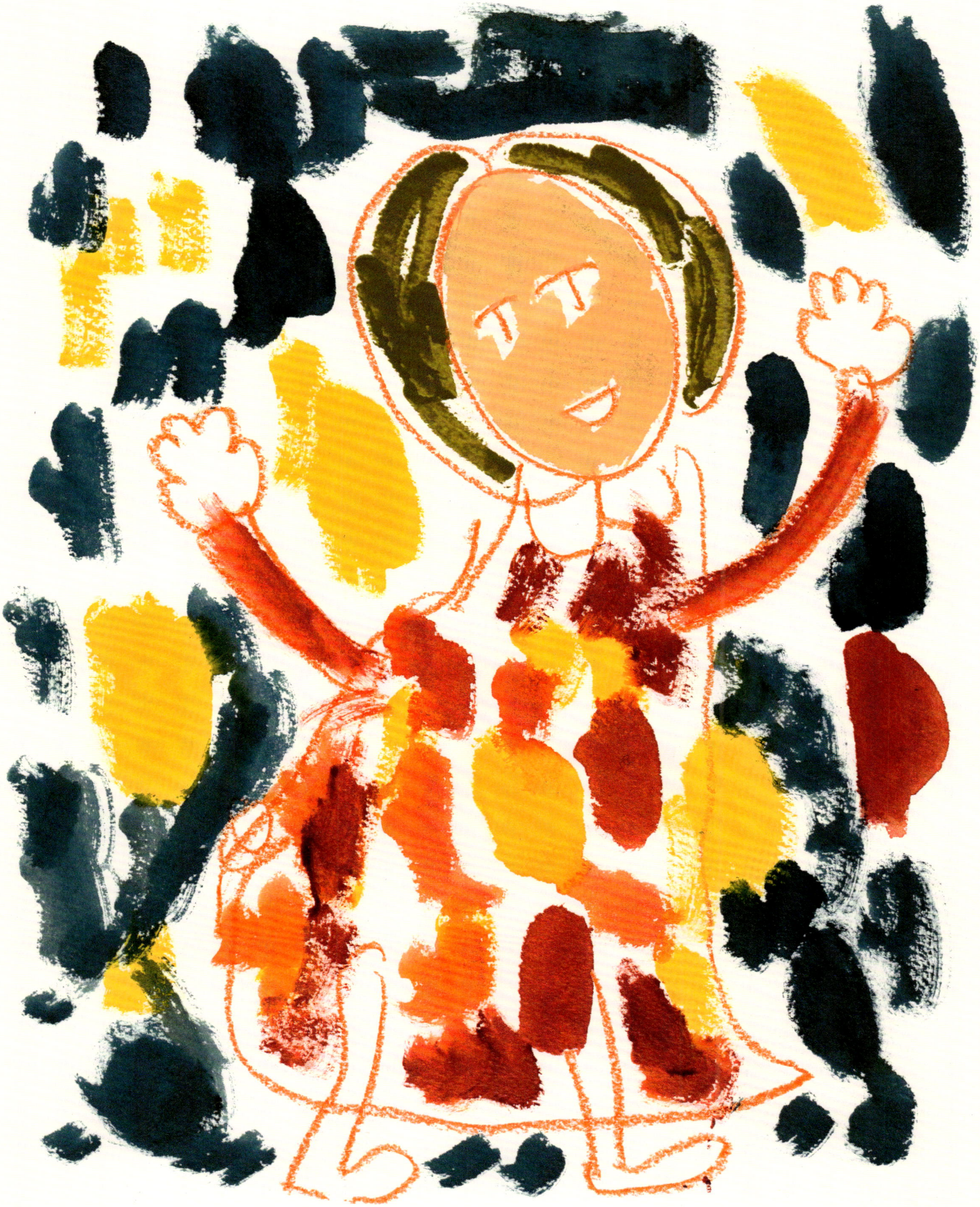

SPRING

How blissful it is to watch the hours dawning,
As humans contently contemplate the fields,
When they reflect on how things are going,
When they work towards life's serene yield.

Much as the sky arches, stretching wide,
Such is the joy of being out and about so long,
When the heart yearns for new life, new stride,
The birds sing, crying out in song.

One who has often questioned their inner self
Soon speaks of their life and livelihood,
If grief doesn't gnaw at the soul itself,
Then one stands glad before their worldly goods.

If a dwelling is resplendent, built high above the ground,
Then the fields of man are more spacious, and the roads gleam,
Reaching far, such that one can gaze all around,
And well-built footbridges cross the stream.

DER WINTER
WINTER
1842

DER WINTER

Das Feld ist kahl, auf ferner Höhe glänzet
Der blaue Himmel nur, und wie die Pfade gehen,
Erscheinet die Natur, als Einerlei, das Wehen
Ist frisch, und die Natur von Helle nur umkränzet.

Der Erde Stund ist sichtbar von dem Himmel
Den ganzen Tag, in heller Nacht umgeben,
Wenn hoch erscheint von Sternen das Gewimmel,
Und geistiger das weit gedehnte Leben.

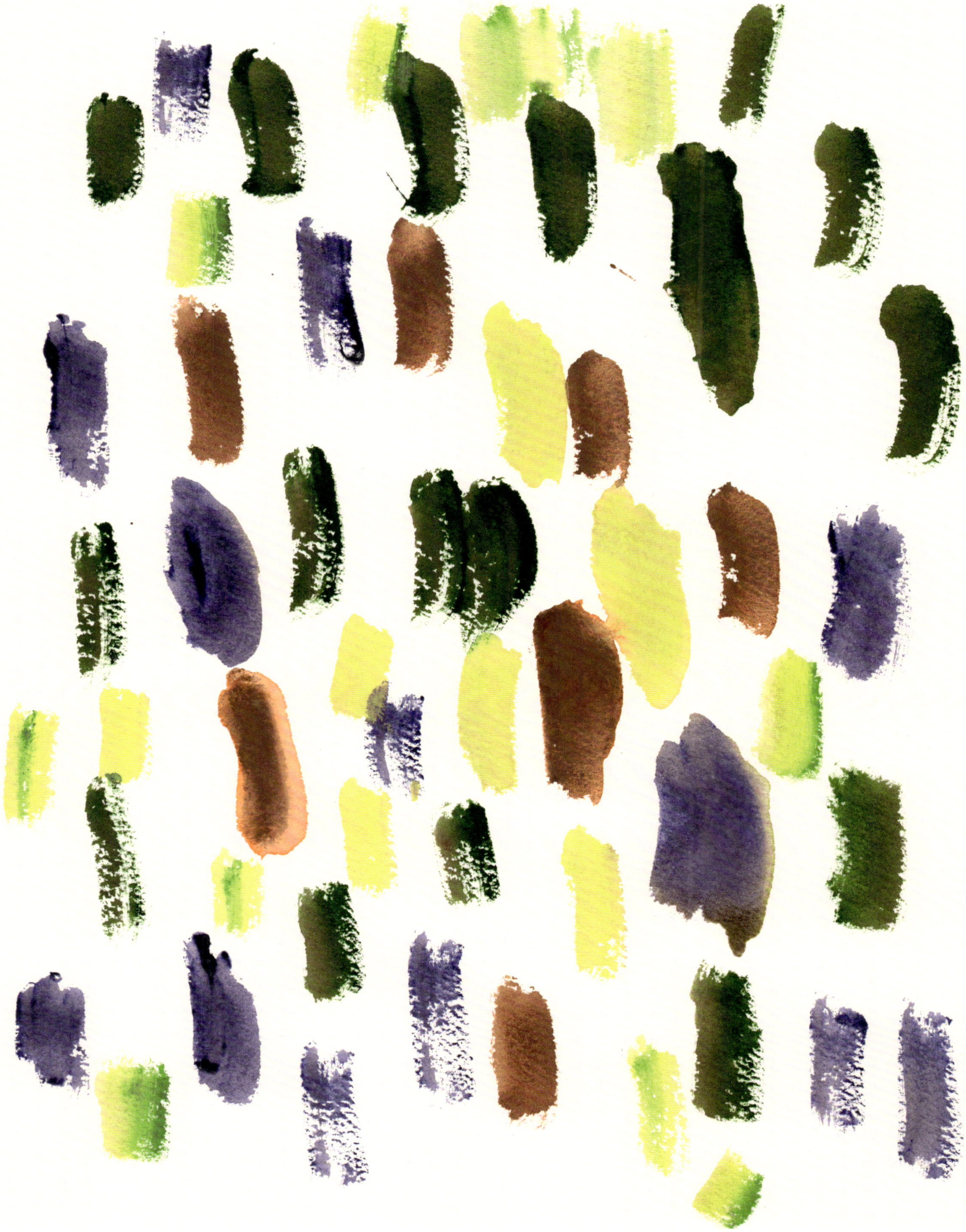

WINTER

The field lies bare, atop the distant heights
Solely blue sky gleams, and as the footpaths go
Nature appears all the same, the winds grow
Brisk, and Nature is wreathed in lights.

The earthly hour is visible from the heavens
The whole day long, surrounded by night, splendid
When the teeming stars appear on high,
And more spiritual this human life, extended.

DER SPAZIERGANG
THE STROLL
1825–1840

DER SPAZIERGANG

Ihr Wälder schön an der Seite,
Am grünen Abhang gemalt,
Wo ich umher mich leite,
Durch süße Ruhe bezahlt
Für jeden Stachel im Herzen,
Wenn dunkel mir ist der Sinn,
Den Kunst und Sinnen hat Schmerzen
Gekostet von Anbeginn.
Ihr lieblichen Bilder im Tale,
Zum Beispiel Garten und Baum,
Und dann der Steg, der schmale,
Der Bach zu sehen kaum,
Wie schön aus heiterer Ferne
Glänzt einem das herrliche Bild
Der Landschaft, die ich gerne
Besuch' in Witterung mild.
Die Gottheit freundlich geleitet
Uns erstlich mit Blau,
Hernach mit Wolken bereitet,
Gebildet wölbig und grau,
Mit sengenden Blitzen und Rollen
Des Donners, mit Reiz des Gefilds,
Mit Schönheit, die gequollen
Vom Quell ursprünglichen Bilds.

THE STROLL

You fair forests, so well painted
Upon the sloping green glade,
Where I conduct my footsteps,
And with sweet quiet am repaid
For each thorn in my bosom,
When darkness consumes my heart,
Which paid from the very beginning
In grief for thought and art.
You lovely sights in the hollows,
For instance, garden and tree,
And the footbridge, most narrow,
The stream visible, just barely,
How beautiful from the bright distance
These magnificent images shine
Of the landscape I like to visit
In weather so mild and fine.
The deity kindly guides us,
Initially along with blue,
And then with cloud and nimbus,
Forming domes in a gray hue,
With scorching flashes and coarse
Thunder strikes, with the charm of fields,
With beauty that bubbled forth
From the primal image's yields.

DER SOMMER
SUMMER
1841

DER SOMMER

Wenn dann vorbei des Frühlings Blüte schwindet,
So ist der Sommer da, der um das Jahr sich windet.
Und wie der Bach das Tal hinuntergleitet,
So ist der Berge Pracht darum verbreitet.
Dass sich das Feld mit Pracht am meisten zeiget,
Ist, wie der Tag, der sich zum Abend neiget;
Wie so das Jahr verweilt, so sind des Sommers Stunden
Und Bilder der Natur dem Menschen oft verschwunden.

Scardanelli.

d. 24 Mai 1778.

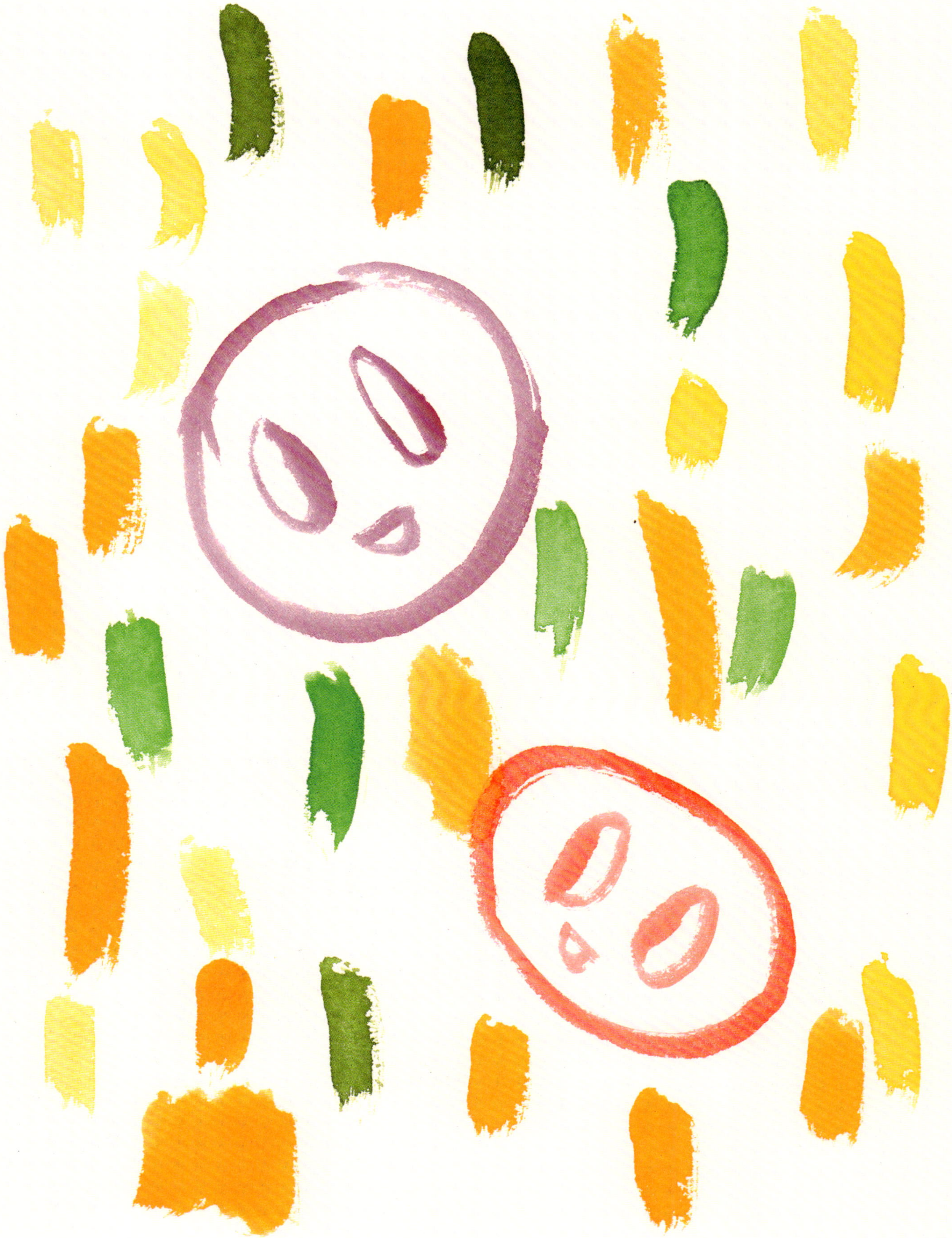

SUMMER

When springtime's blossoms disappear,
Summer is here, winding round the year.
And as the stream down the vale does slide,
Surrounding mountains' splendor stretches wide.
That such splendor fills the fields so bright,
Is like the day bowing to twilight;
The year lingers, for mortals many a summer's day
And all of nature's images often fade away.

Scardanelli

May 24, 1778

DER FRÜHLING
SPRING
1839

DER FRÜHLING

Die Sonne glänzt, es blühen die Gefilde,
Die Tage kommen blütenreich und milde,
Der Abend blüht hinzu, und helle Tage gehen
Vom Himmel abwärts, wo die Tag' entstehen.

Das Jahr erscheint mit seinen Zeiten
Wie eine Pracht, wo Feste sich verbreiten,
Der Menschen Tätigkeit beginnt mit neuem Ziele,
So sind die Zeichen in der Welt, der Wunder viele.

mit Untertänigkeit
Scardanelli.

d. 24 April 1839.

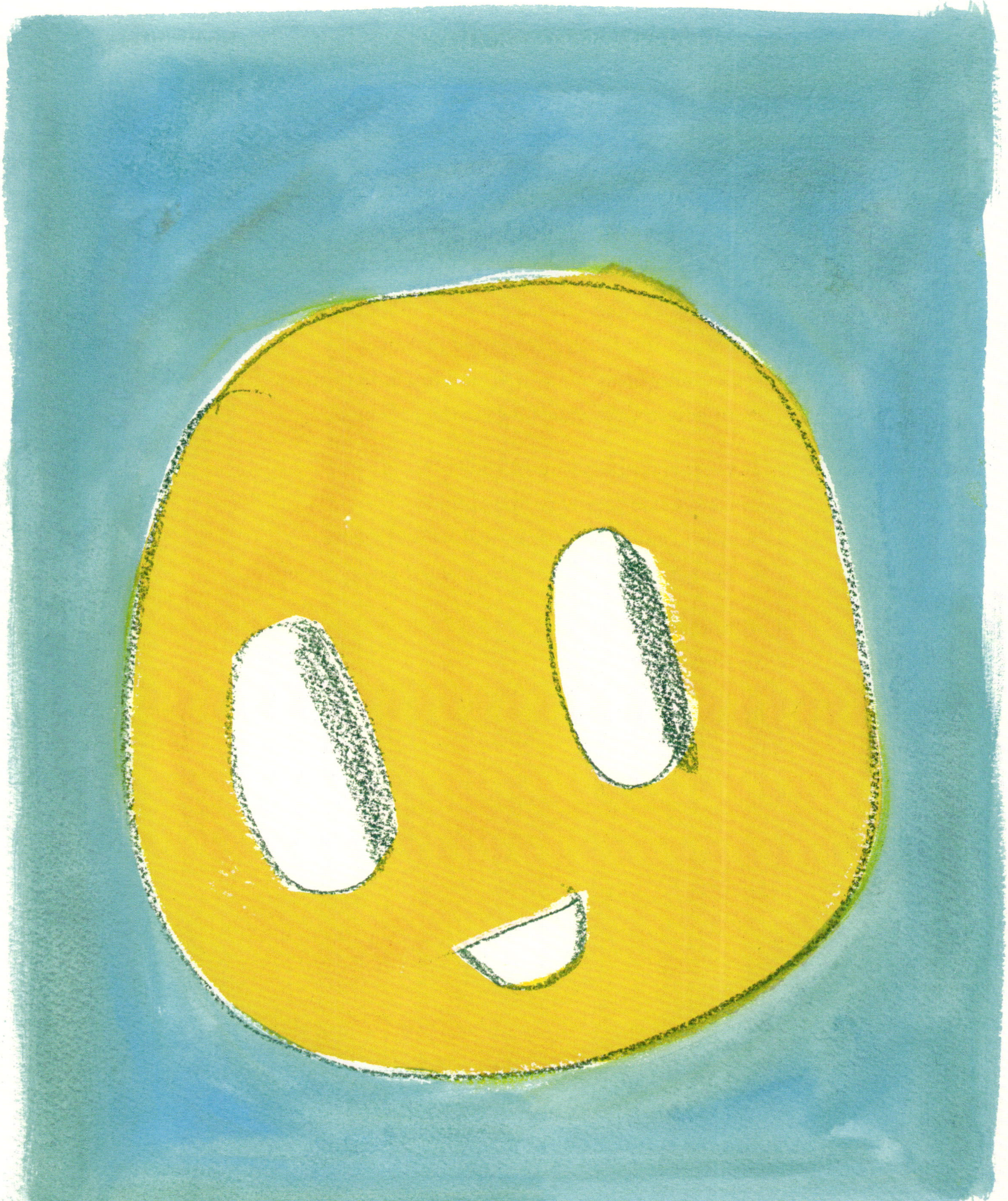

SPRING

The sun is shining, the meadows are in bloom,
The flower-filled days have a mild perfume,
The evening blossoms as well, and bright days go by
From heaven downwards, where the days arise.

The year appears in its own time
Like a splendor, festivity in its prime,
Human commotion returns with new objectives,
So many signs in the world, and wondrous perspectives.

with subservience
Scardanelli

April 24, 1839

AN NEUFFER
TO NEUFFER
1794

AN NEUFFER

Im März. 1794

Noch kehrt in mich der süße Frühling wieder,
Noch altert nicht mein kindischfröhlich Herz,
Noch rinnt vom Auge mir der Tau der Liebe nieder,
Noch lebt in mir der Hoffnung Lust und Schmerz.

Noch tröstet mich mit süßer Augenweide
Der blaue Himmel und die grüne Flur,
Mir reicht die Göttliche den Taumelkelch der Freude,
Die jugendliche freundliche Natur.

Getrost! es ist der Schmerzen wert, dies Leben,
So lang uns Armen Gottes Sonne scheint,
Und Bilder beßrer Zeit um unsre Seele schweben,
Und ach! mit uns ein freundlich Auge weint.

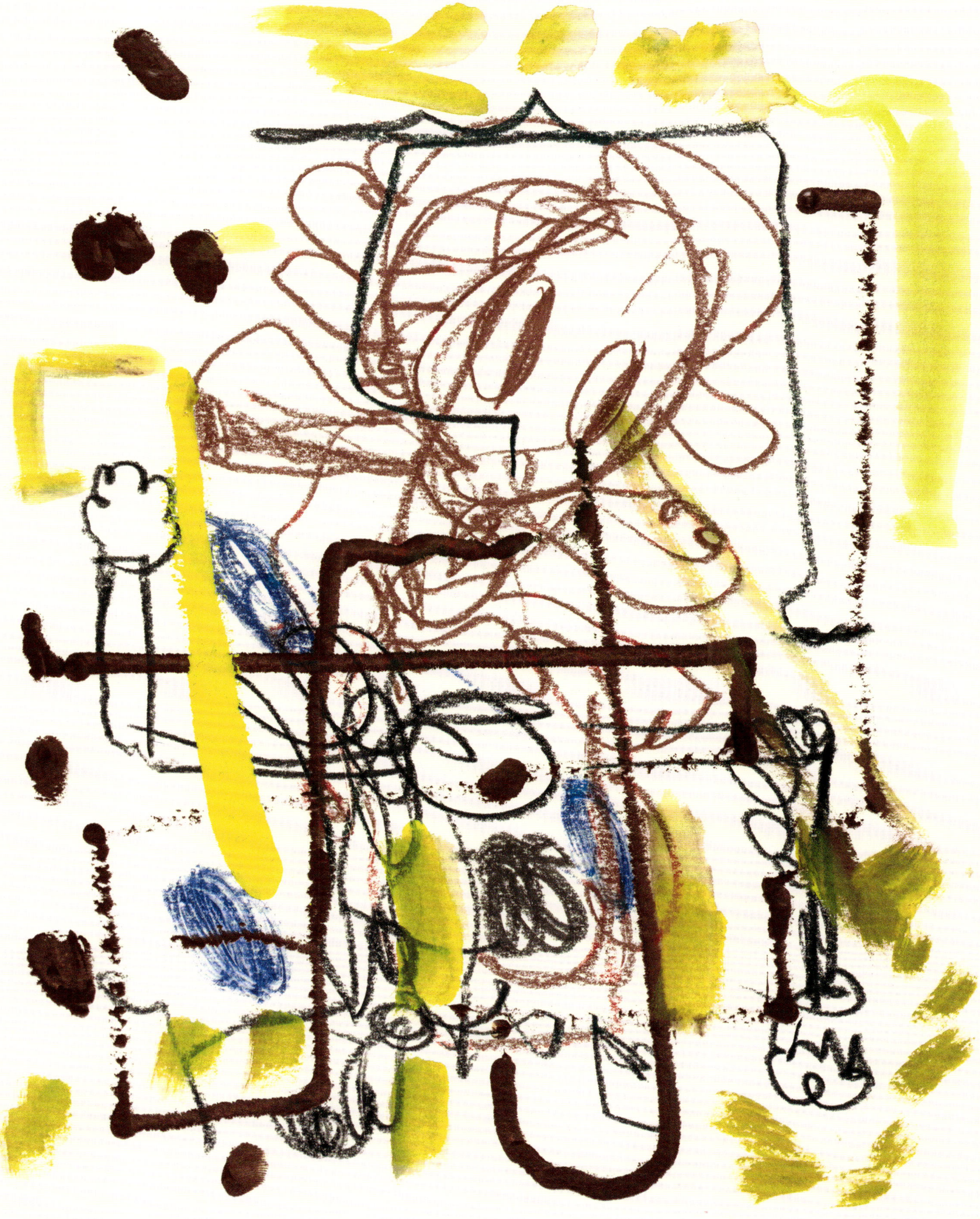

TO NEUFFER

March, 1794

Yet again sweet spring returns to my skies,
Yet my childishly cheerful heart ages not,
Yet still love's dew pours down from my eyes,
Yet hope, desire, and pain animate my thoughts.

Yet comfort comes, 'tis a pleasure to behold
The blue sky and the green pasture,
The Divine hands me a chalice of joy foretold,
Of youthful, friendly nature.

Consoled! This life is worth such tolls,
As long as God's sun shines down upon poor us,
And visions of better days float round our souls,
And oh! A kind eye weeps along with us.

DER FRÜHLING
SPRING
1837–1839

DER FRÜHLING

Es kommt der neue Tag aus fernen Höhn herunter,
Der Morgen, der erwacht ist aus den Dämmerungen,
Er lacht die Menschheit an, geschmückt und munter,
Von Freuden ist die Menschheit sanft durchdrungen.

Ein neues Leben will der Zukunft sich enthüllen,
Mit Blüten scheint, dem Zeichen froher Tage,
Das große Tal, die Erde sich zu füllen,
Entfernt dagegen ist zur Frühlingszeit die Klage.

Mit Untertänigkeit
Scardanelli.

d: 3ten März 1648

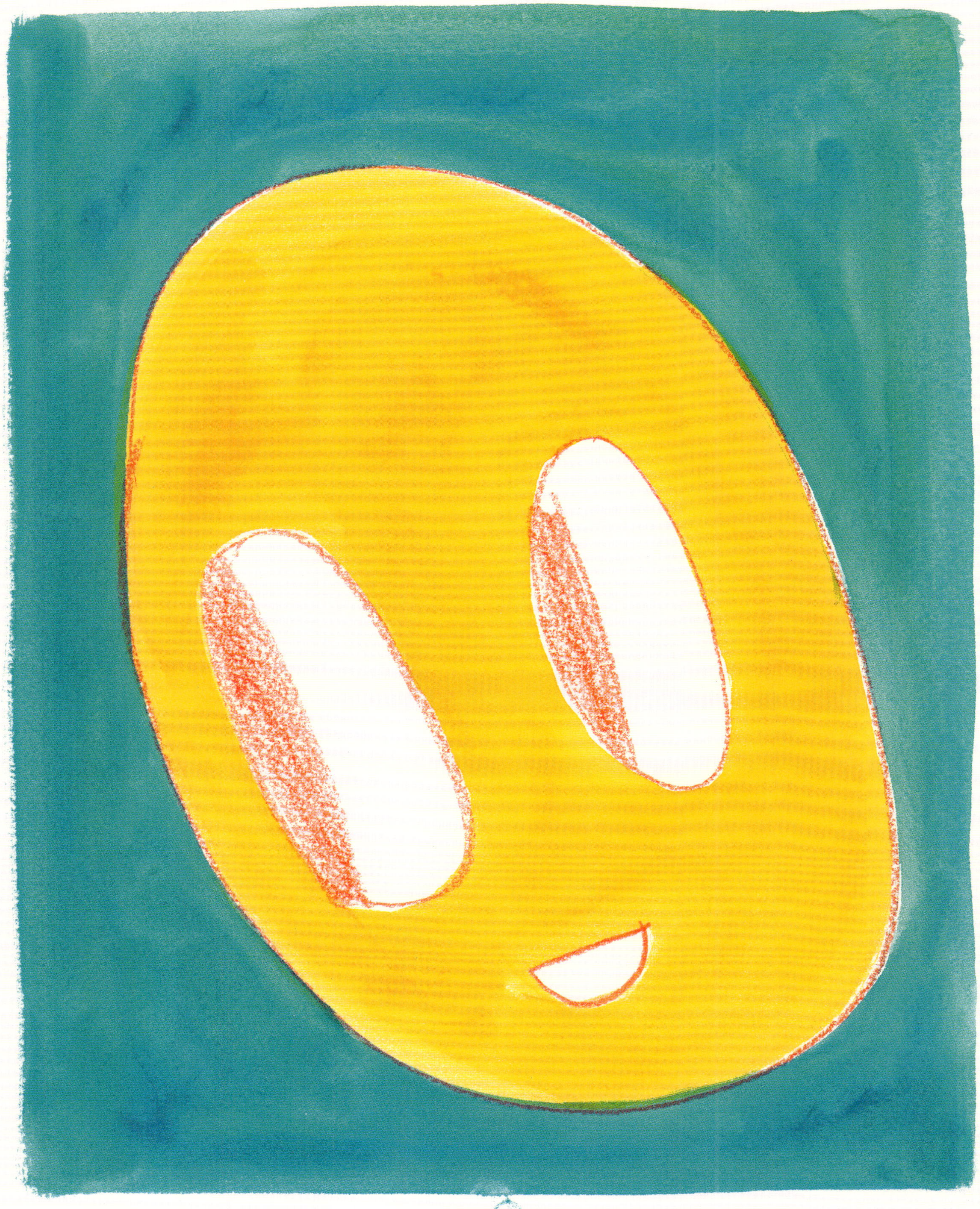

SPRING

The new day descends from a distant height,
Morning is awoken from dawn's twilight shades,
He smiles at humankind, adorned and bright,
And gently with joy its very life pervades.

A new life to the future reveals its will,
Bedecked in blossoms, the sign of happy days,
The valley's breadth, the whole earth seems to fill,
While all lament far back in springtime stays.

With subservience
Scardanelli

March 3, 1648

DIE AUSSICHT
THE VIEW
1843

DIE AUSSICHT

Wenn in die Ferne geht der Menschen wohnend Leben,
Wo in die Ferne sich erglänzt die Zeit der Reben,
Ist auch dabei des Sommers leer Gefilde,
Der Wald erscheint mit seinem dunklen Bilde.

Daß die Natur ergänzt das Bild der Zeiten,
Daß die verweilt, sie schnell vorübergleiten,
Ist aus Vollkommenheit, des Himmels Höhe glänzet
Den Menschen dann, wie Bäume Blüt' umkränzet.

Mit Untertänigkeit
Scardanelli.

d. 24 Mai 1748.

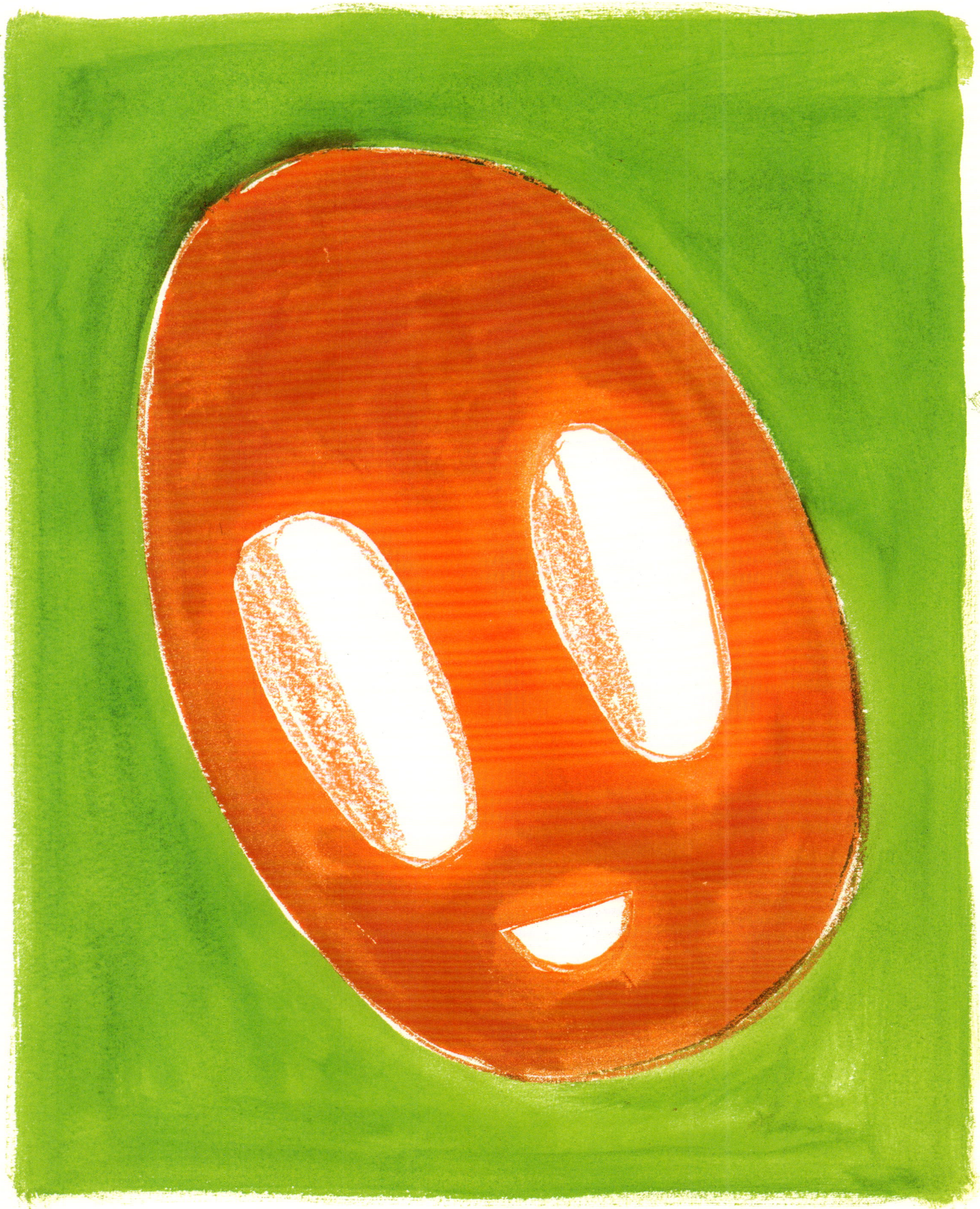

THE VIEW

When one's life of dwelling goes off into the distance,
Where, faraway, the vineyard's season glistens,
There, too, summer's empty fields draw near,
The woods and their dark countenances appear.

That Nature completes the image of the ages,
That it lingers as they glide by, swiftly turning pages
Is sheer perfection, and the high heavens shine
For humans, too, like trees crowned in flowers so fine.

With subservience
Scardanelli

May 24, 1748

FREUNDSCHAFT, LIEBE …
FRIENDSHIP, LOVE…

1806–1811

FREUNDSCHAFT, LIEBE …

Freundschaft, Liebe, Kirch und Heilge, Kreuze, Bilder,
Altar und Kanzel und Musik. Es tönet ihm die Predigt.
Die Kinderlehre scheint nach Tisch ein schlummernd müßig
Gespräch für Mann und Kind und Jungfraun, fromme Frauen;
Hernach geht er, der Herr, der Burgersmann und Künstler
Auf Feldern froh umher und heimatlichen Auen,
Die Jugend geht betrachtend auch.

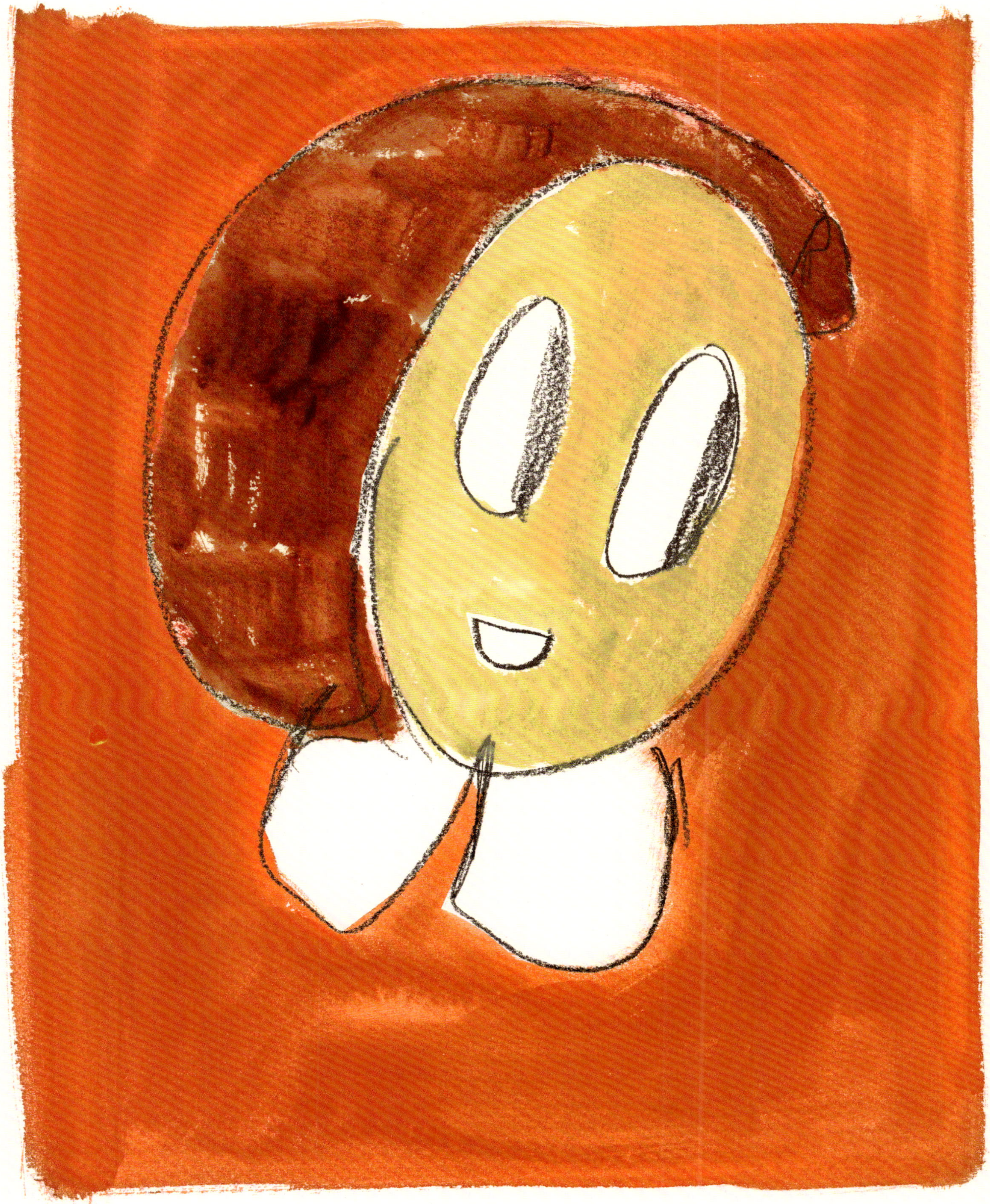

FRIENDSHIP, LOVE…

Friendship, love, church and saints, crosses, images,
Altar and pulpit and music. The sermon sounds out for him.
Sunday school after the meal seems slumberingly idle
Conversation for man and child and maidens, pious women;
And then he, the gentleman, the citizen and the artist, leaves
To cheerfully stroll the surrounding fields and hometown meadows,
The young stroll about, beholding, as well.

DER WINTER
WINTER
1841

DER WINTER

Wenn bleicher Schnee verschönert die Gefilde,
Und hoher Glanz auf weiter Ebne blinkt,
So reizt der Sommer fern, und milde
Naht sich der Frühling oft, indes die Stunde sinkt.

Die prächtige Erscheinung ist, die Luft ist feiner,
Der Wald ist hell, es geht der Menschen keiner
Auf Straßen, die zu sehr entlegen sind, die Stille machet
Erhabenheit, wie dennoch alles lachet.

Der Frühling scheint nicht mit der Blüten Schimmer
Dem Menschen so gefallend, aber Sterne
Sind an dem Himmel hell, man siehet gerne
Den Himmel fern, der ändert fast sich nimmer.

Die Ströme sind, wie Ebnen, die Gebilde
Sind, auch zerstreut, erscheinender, die Milde
Des Lebens dauert fort, der Städte Breite
Erscheint besonders gut auf ungemeßner Weite.

WINTER

When pale snow beautifies the meadowland,
And the radiant wide plain flashes on high,
Summer draws us from a distance, and
Oft-mild spring approaches as the hour dashes by.

The splendid prospect is, the air is rarer,
The forest is bright, not a single wayfarer
Roams roads too remote, the silence maintains
Sublimity, and yet laughter still reigns.

Spring does not shine with blossoms' bright ranges,
So pleasing to humankind, yet stars are bright
In the sky above, such a welcome sight
Like the distant sky, it hardly ever changes.

The streams are, like the plains, a form of wildness
So scattered, revealing a surprise, the mildness
Of life goes on, and cities' broad traces
Appear quite clear in unmeasured spaces.

DICHTERMUT
POET'S COURAGE
1801

DICHTERMUT

Sind denn dir nicht verwandt alle Lebendigen,
  Nährt die Parze denn nicht selber im Dienste dich?
    Drum, so wandle nur wehrlos
      Fort durchs Leben, und fürchte nichts!

Was geschiehet, es sei alles gesegnet dir,
  Sei zur Freude gewandt! oder was könnte denn
    Dich beleidigen, Herz! was
      Da begegnen, wohin du sollst?

Denn, seitdem der Gesang sterblichen Lippen sich
  Friedenatmend entwand, frommend in Leid und Glück
    Unsre Weise der Menschen
      Herz erfreute, so waren auch

Wir, die Sänger des Volks, gerne bei Lebenden,
  Wo sich vieles gesellt, freudig und jedem hold,
    Jedem offen; so ist ja
      Unser Ahne, der Sonnengott,

Der den fröhlichen Tag Armen und Reichen gönnt,
  Der in flüchtiger Zeit uns, die Vergänglichen,
    Aufgerichtet an goldnen
      Gängelbanden, wie Kinder, hält.

Ihn erwartet, auch ihn nimmt, wo die Stunde kömmt,
  Seine purpurne Flut; sieh! und das edle Licht
    Gehet, kundig des Wandels,
      Gleichgesinnet hinab den Pfad.

So vergehe denn auch, wenn es die Zeit einst ist
  Und dem Geiste sein Recht nirgend gebricht, so sterb'
    Einst im Ernste des Lebens
      Unsre Freude, doch schönen Tod!

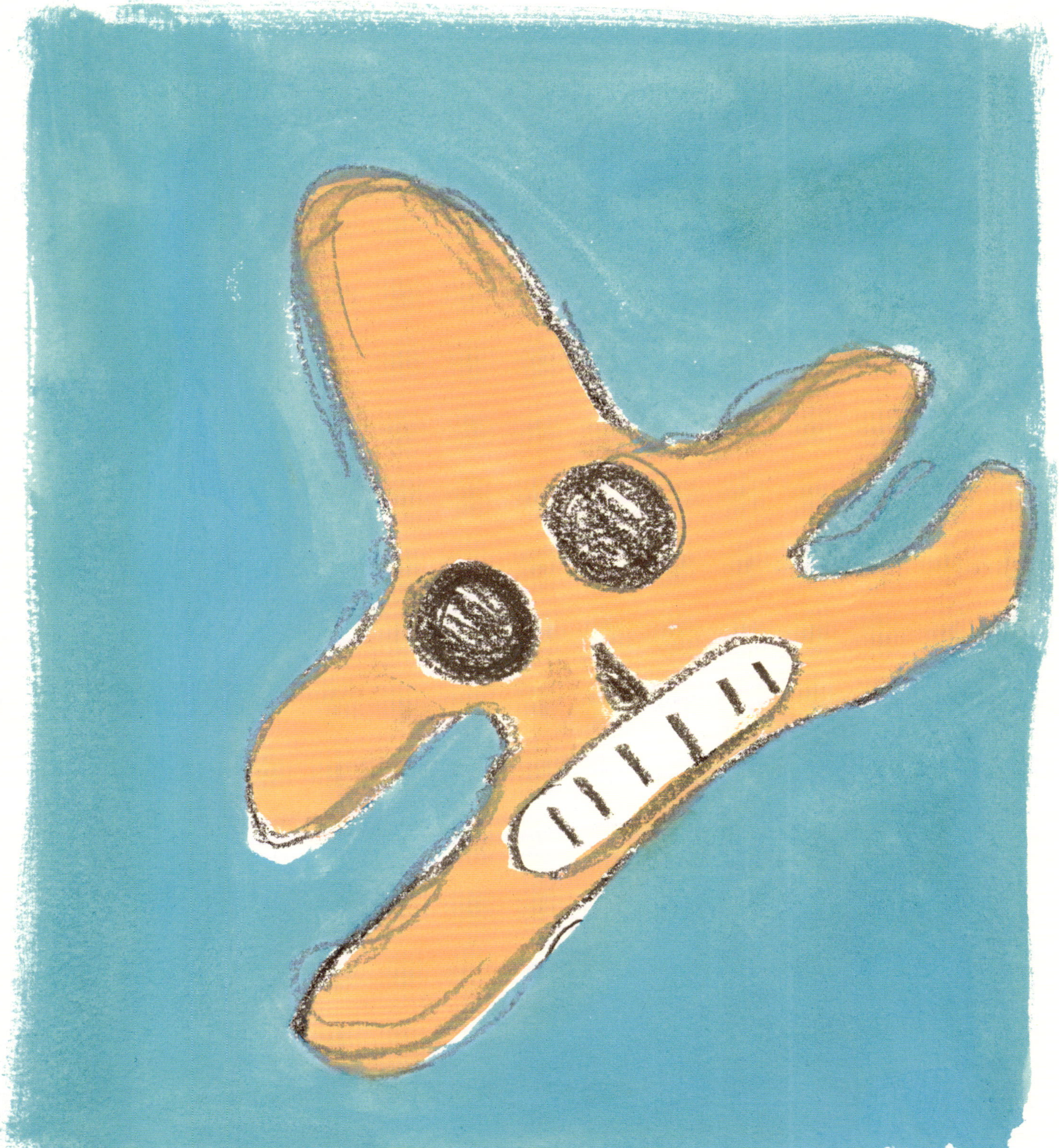

POET'S COURAGE

Are not all living beings related to you?
Does not Fate herself nourish you to serve her ends?
Well, then, walk forth, defenseless,
Onward through life, and have no fear!

Come what may, welcome it, consider it be blessed,
Turn toward joy! For is there anything that could
Do you harm, dear heart? What might
You encounter where you must go?

For, ever since the song of mortal lips purloined
All peaceful breath, pious in its pains and its joys
Our human way of being
Encouraged the heart, so too were

We, singers of the people, happily among
The living, where all join, joyfully and to the
Delight of all, and open;
That's how our forebear, the sun god,

Who grants a glad day to the rich and to the poor,
Who in swift-passing time keeps us, the transient,
Held close on golden apron
Strings, like children needing guidance.

Awaiting and taking him, too, when the hour comes,
Is his crimson tide; look! And the noble light goes,
Aware, heralding the change
Like-minded, down the selfsame path.

So pass away then, as well, when the time is ripe,
And the spirit no longer deprived of its right,
Die once in life's earnestness
Our joy, such a beautiful death!

AN EINEN BAUM
TO A TREE

1797

AN EINEN BAUM

... und die ewigen Bahnen
Lächelnd über uns hin zögen die Herrscher der Welt,
Sonne und Mond und Sterne, und auch die Blitze der Wolken
Spielten, des Augenblicks feurige Kinder, um uns,
Aber in unsrem Innern, ein Bild der Fürsten des Himmels,
Wandelte neidlos der Gott unserer Liebe dahin,
Und er mischte den Duft, die reine, heilige Seele,
Die, von des Frühlinges silberner Stunde genährt,
Oft überströmte, hinaus ins glänzende Meer des Tages,
Und in das Abendrot und in die Wogen der Nacht,
Ach! wir lebten so frei im innig unendlichen Leben,
Unbekümmert und still, selber ein seliger Traum,
Jetzt uns selber genug und jetzt ins Weite verfliegend,
Aber im Innersten doch immer lebendig und eins.
Glücklicher Baum! wie lange, wie lange könnt' ich noch singen
Und vergehen im Blick auf dein erbebendes Haupt,
Aber siehe! dort regt sich's, es wandeln in Schleiern die Jungfraun
Und wer weiß es, vielleicht wäre mein Mädchen dabei;
Laß mich, laß mich, ich muß – lebwohl! es reißt mich ins Leben,
Daß ich im kindischen Gang folge der lieblichen Spur,
Aber du Guter, dich will, dich will ich nimmer vergessen,
Ewig bist du und bleibst meiner Geliebtesten Bild.
Und käm' einmal ein Tag, wo sie die meinige wäre,
O! dann ruht' ich mit ihr, unter dir, Freundlicher, aus
Und du zürnetest nicht, du gössest Schatten und Düfte
Und ein rauschendes Lied über die Glücklichen aus.

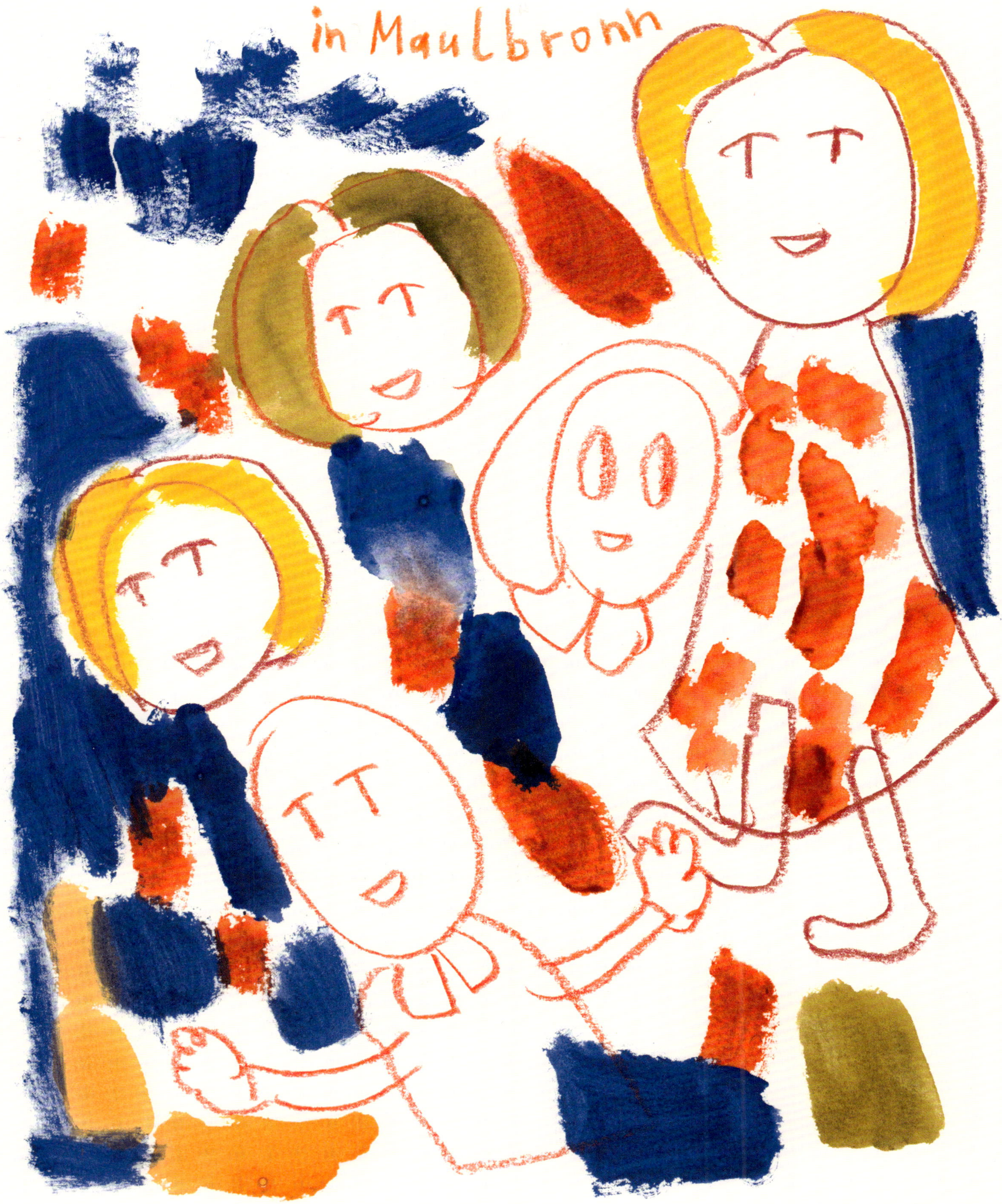
in Maulbronn

TO A TREE

...and the eternal orbits
Smiling above, the rulers of the world moved over us,
Sun and moon and stars, and clouds' lightning bolts as well
Played, fiery children of the moment, all around us,
But within us, the image of heaven's princes,
The God of our love walked by, free of envy,
And he mixed the fragrance, the pure, holy soul,
Nourished by springtime's silver hour,
Often overflowed, out into the shining sea of day,
And into the sunset and nighttime's waves,
Oh! So freely we lived in the intimate infinite life,
Carefree and quiet, a blissful dream indeed,
Now we've had enough of ourselves and flee far away,
Yet still so alive at heart, and ever one.
Fortunate tree! How long, how long could I continue singing
And pass from sight below your quivering crown,
But behold! A stirring rises, veiled maidens stroll about
And who knows, maybe my girl is there, too;
Let me go, let me go, for I must—farewell! I'm drawn back to life,
That my childish footsteps may follow the lovely traces,
But you, Kind One, I shall never, never, ever forget you,
You are eternal, and shall remain my favorite image.
And if ever there came a day when she were mine,
Oh, then I'd rest with her, under you, Friendly One,
And you'd never rage, you'd cast shadows and scents
And play a rapturous song about the Fortunate Ones.

DIE HEIMAT
HOME
1800

DIE HEIMAT

Froh kehrt der Schiffer heim an den stillen Strom,
Von Inseln fernher, wenn er geerntet hat;
So käm' auch ich zur Heimat, hätt' ich
Güter so viele, wie Leid, geerntet.

Ihr teuern Ufer, die mich erzogen einst,
Stillt ihr der Liebe Leiden, versprecht ihr mir,
Ihr Wälder meiner Jugend, wenn ich
Komme, die Ruhe noch einmal wieder?

Am kühlen Bache, wo ich der Wellen Spiel,
Am Strome, wo ich gleiten die Schiffe sah,
Dort bin ich bald; euch traute Berge,
Die mich behüteten einst, der Heimat

Verehrte sichre Grenzen, der Mutter Haus
Und liebender Geschwister Umarmungen
Begrüß' ich bald und ihr umschließt mich,
Daß, wie in Banden, das Herz mir heile,

Ihr treugebliebnen! aber ich weiß, ich weiß,
Der Liebe Leid, dies heilet so bald mir nicht,
Dies singt kein Wiegensang, den tröstend
Sterbliche singen, mir aus dem Busen.

Denn sie, die uns das himmlische Feuer leihn,
Die Götter schenken heiliges Leid uns auch,
Drum bleibe dies. Ein Sohn der Erde
Schein' ich; zu lieben gemacht, zu leiden.

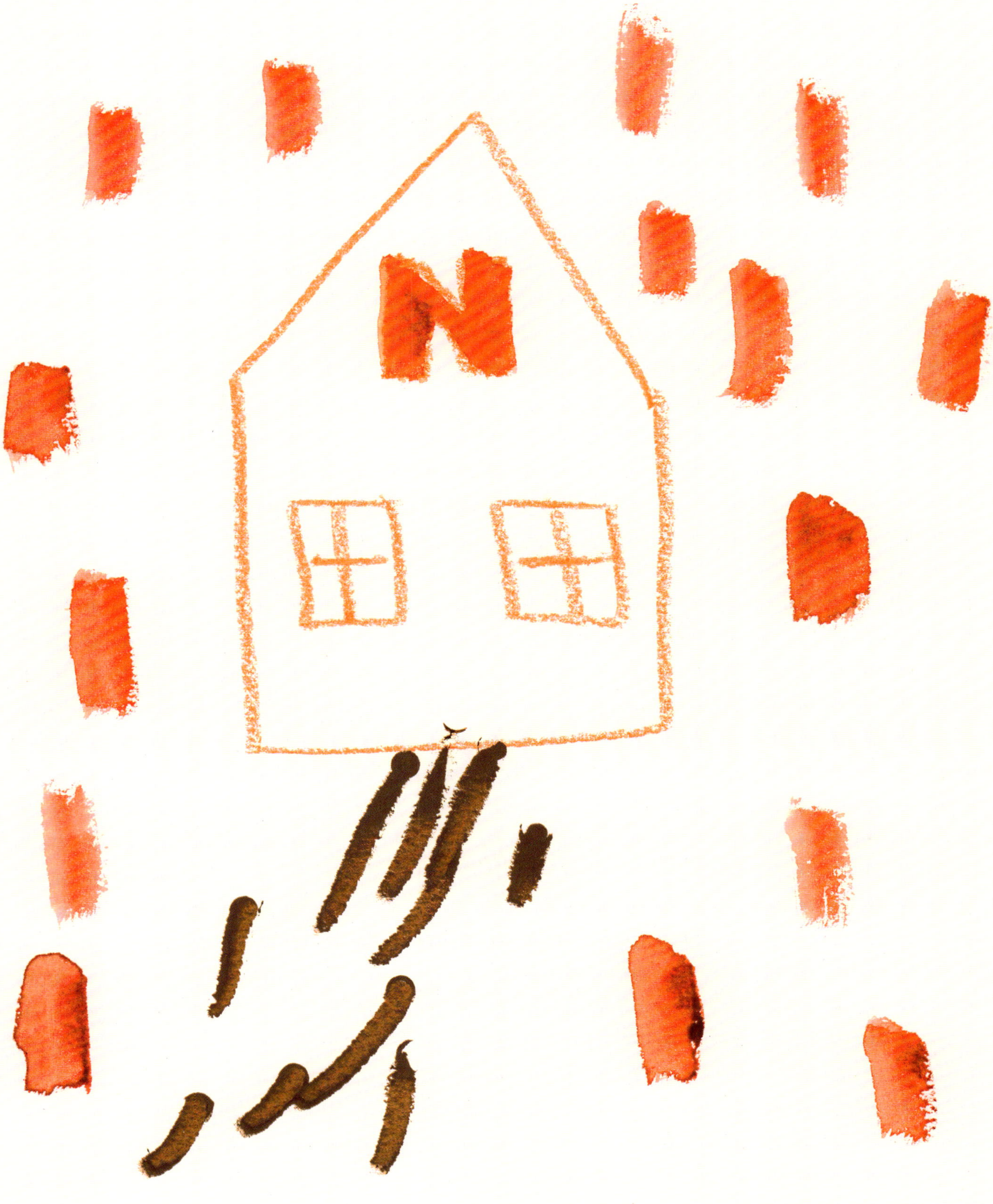

NASAHEIM

HOME

The glad boatman comes home to the river's calm,
  From faraway isles, after the harvest;
    So too would I come home, if I had
      Harvested wealth as much as felt sorrow.

You dear banks, that once brought me up and taught me
  Can you allay love's suffering, promise me,
    You forests of my youth, if I come
      Back, will the same peace return once again?

By the cool stream, where I saw the waves at play,
  By the river, where I watched boats glide on by,
    I'll be there soon; beloved mountains
      Which once gave me shelter, and the homeland's

Honored and secure borders, my mother's house
  And my siblings' most dear embraces as well
    Soon shall I greet you, you'll enclose me,
      Like a tender bandage, healing my heart,

You most faithful ones! And yet I know, I know,
  The wounds of love's despair will be slow to heal
    For this no lullaby that mortals
      Sing to give comfort will calm my bosom.

For they who lend us heavenly light and fire,
  The gods, also give us sacred suffering,
    So let it be. A son of the Earth
      I seem; fashioned to love, and to suffer.

DER MENSCH
MAN
1842

DER MENSCH

Wenn aus sich lebt der Mensch und wenn sein Rest sich zeiget,
So ist's, als wenn ein Tag sich Tagen unterscheidet,
Daß ausgezeichnet sich der Mensch zum Reste neiget,
Von der Natur getrennt und unbeneidet.

Als wie allein ist er im andern weiten Leben,
Wo rings der Frühling grünt, der Sommer freundlich weilet,
Bis daß das Jahr im Herbst hinunter eilet,
Und immerdar die Wolken uns umschweben.

Mit Untertänigkeit.
Scardanelli.

d. 28ten Juli 1842.

MAN

When one lives on their own and their vestiges are revealed,
'Tis as if a day were to divide itself from other days
And, magnificent, one bows down to those vestiges,
Entirely divided from nature, and unenvied.

It's as if they're all alone in that other vast life,
Where springtime bursts into verdure, and summer lingers
Sweetly, until the year dives into autumn
And clouds envelop us for evermore.

With subservience
Scardanelli

July 28, 1842

DER WINTER
WINTER
1842

DER WINTER

Wenn ungesehn und nun vorüber sind die Bilder
Der Jahreszeit, so kommt des Winters Dauer,
Das Feld ist leer, die Ansicht scheinet milder,
Und Stürme wehn umher und Regenschauer.

Als wie ein Ruhetag, so ist des Jahres Ende,
Wie einer Frage Ton, daß dieser sich vollende,
Alsdann erscheint des Frühlings neues Werden,
So glänzet die Natur mit ihrer Pracht auf Erden.

Mit Untertänigkeit
Scardanelli.

d. 24 April 1849.

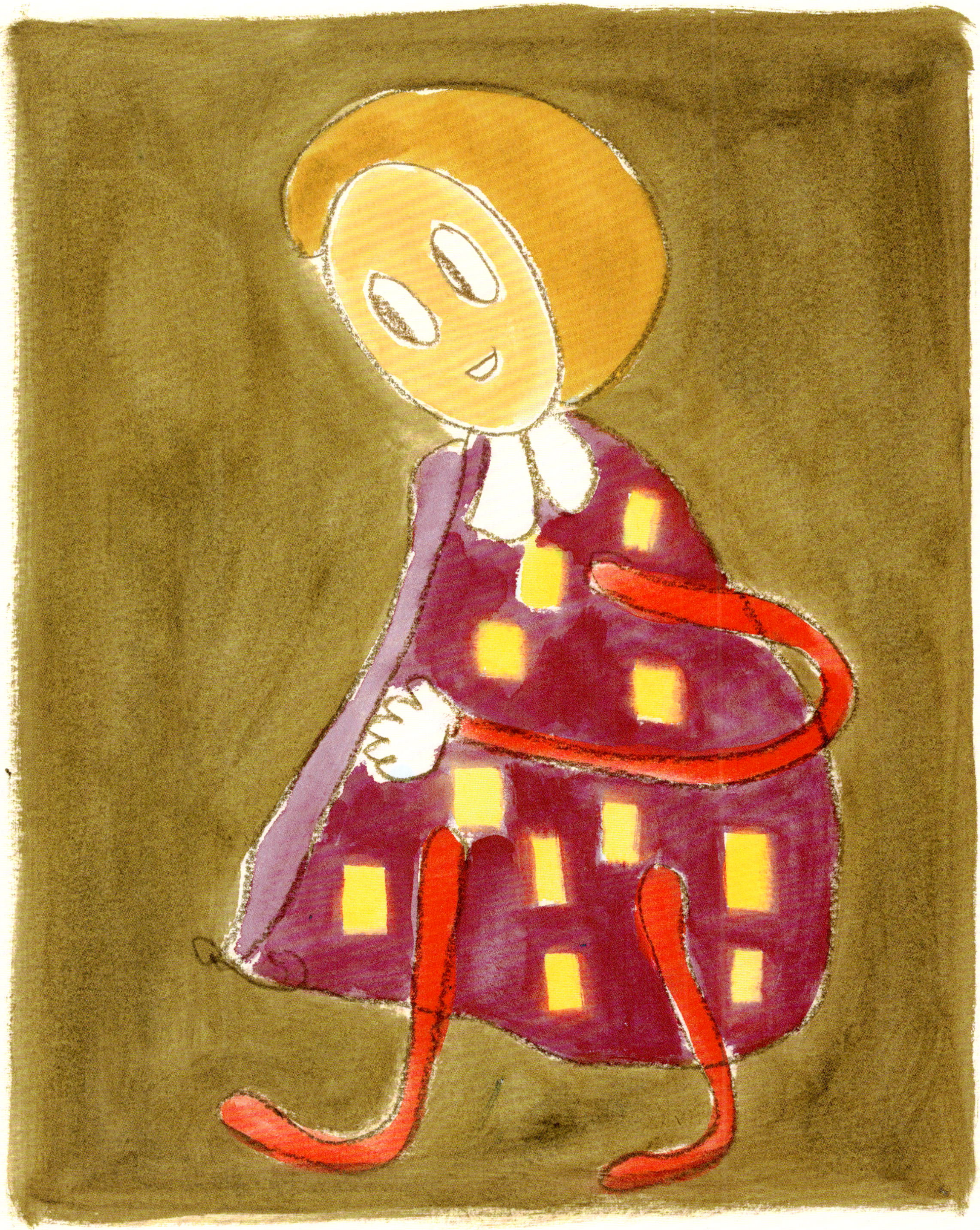

WINTER

When the season's images have passed unseen,
Long Winter comes our way again;
The field lies bare, the view has a milder sheen,
And gales blow about us, bringing showers of rain.

Like a day of rest comes the year's conclusion,
Like the tone of a question seeking completion;
Thereupon comes the advent of Spring,
Thus Nature shines resplendent upon everything.

With subservience
Scardanelli

April 24, 1849

WINTER
WINTER
1841

WINTER

Wenn sich das Laub auf Ebnen weit verloren,
So fällt das Weiß herunter auf die Tale,
Doch glänzend ist der Tag vom hohen Sonnenstrahle,
Es glänzt das Fest den Städten aus den Toren.

Es ist die Ruhe der Natur, des Feldes Schweigen
Ist wie des Menschen Geistigkeit, und höher zeigen
Die Unterschiede sich, daß sich zu hohem Bilde
Sich zeiget die Natur, statt mit des Frühlings Milde.

Dero untertänigster
Scardanelli.

d. 25 Dezember 1841.

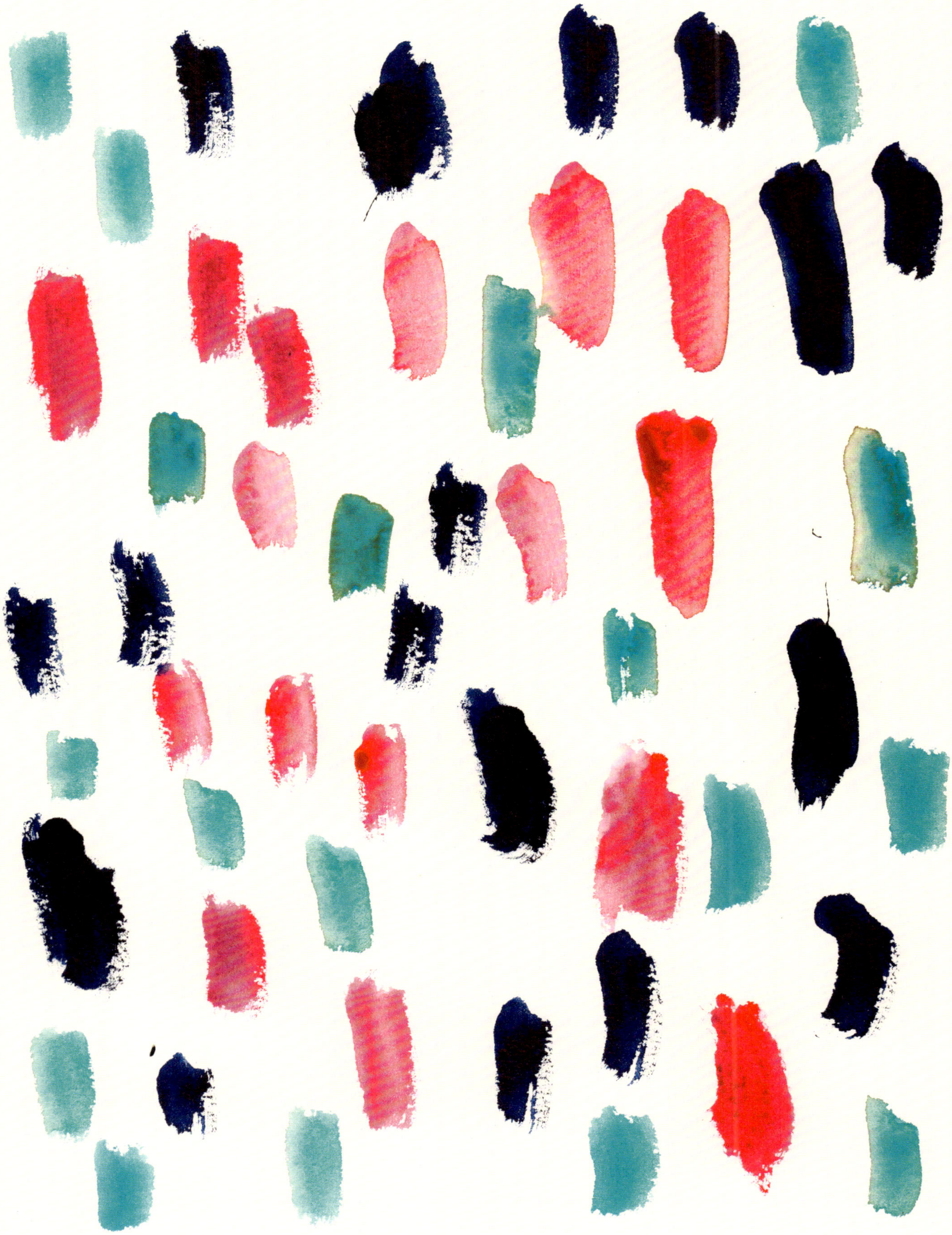

WINTER

When foliage drops away on the distant plain
A white mantle falls on valleys' elevations,
And the day shines bright with rays' high gains,
Cities' gates spill forth gleaming celebrations.

Nature is at rest now, the fields fall silent, steeled,
Humans grow soulful, life's differences appearing
Ever greater, and Nature herself is revealed
in an image from on high, instead of mild spring.

Your most subservient
Scardanelli

December 25, 1841

FRÜHLINGSANFANG
SPRING BEGINS
um 1800 / ca. 1800

FRÜHLINGSANFANG

Schon
   Und anders will es werden, wo ich es nicht
      Gedacht',

versagte.

Ach! immer immer ziehest du doch uns nach
   An deinem Siegeswagen, du freundlich Jahr!
      Es hilft die Weisheit nicht, und
         Ruhig und liebend und wirkend wandeln

Von einer Zeit zu anderen wir mit dir,
   Doch wenn es gält' und Einer das Herz uns schmäht
      Nicht Ruh und Lieb und Ehr' ihm
         Gönnet, dann ruhet, dann liebts auch nimmer!

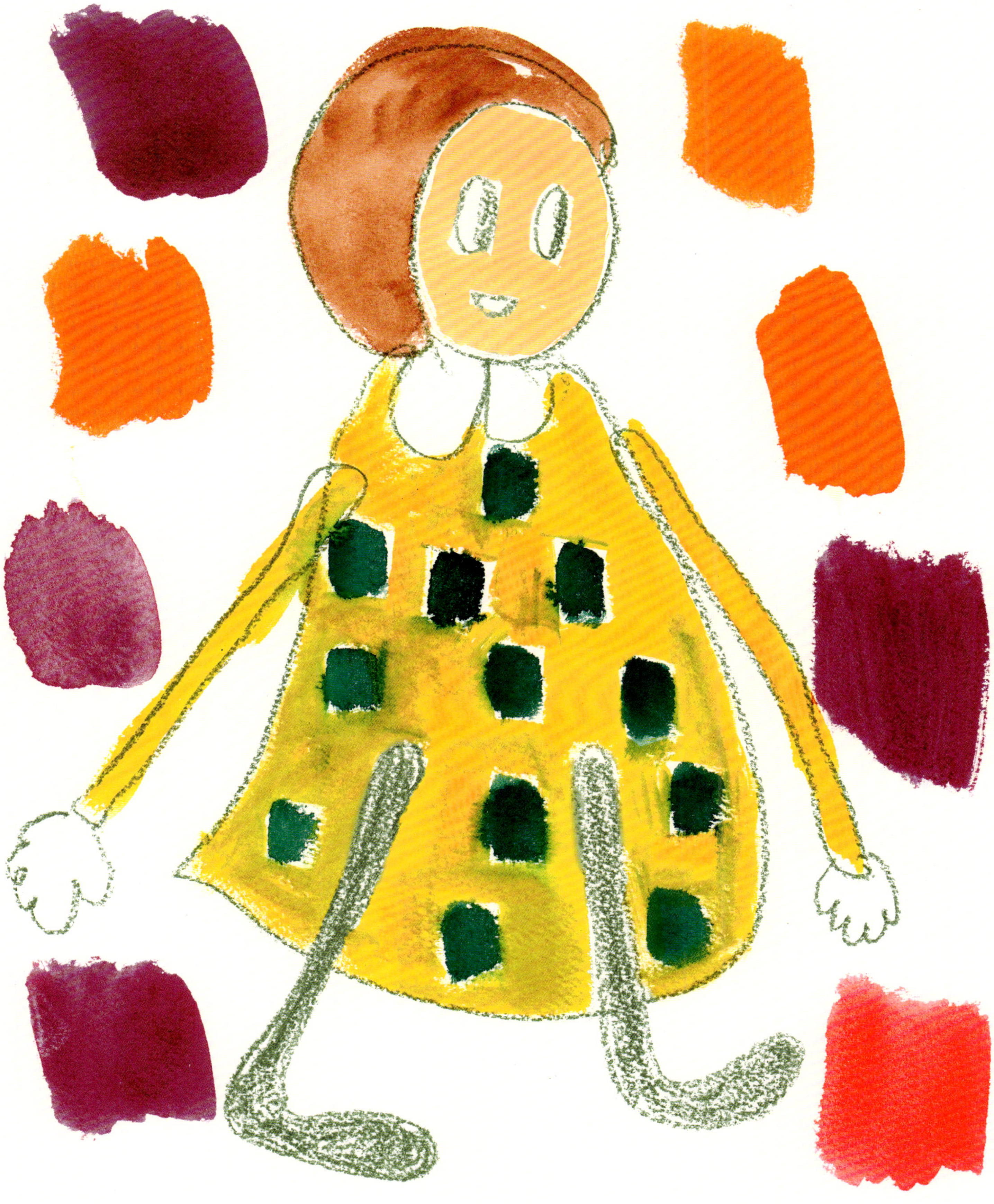

SPRING BEGINS

Already
   And it aims to be different, where I'd never have
      Thought,
                                                   failed.

Oh! You're always, always dragging us along
   By your victor's chariot, you friendly year!
      Wisdom is of no use, and
         Calmly, loving and acting, we wander

From one era to another at your side,
   But if it's so, and one reproaches our heart,
      Allow him no rest, nor love, nor
         Honor, yet then rest, then love nevermore!

HEIMAT
HOME
1803–1805

HEIMAT

Und niemand weiß

Indessen laß mich wandeln
Und wilde Beeren pflücken
Zu löschen die Liebe zu dir
An deinen Pfaden, o Erd'

Hier wo – – –
                    und Rosendornen
Und süße Linden duften neben
Den Buchen, des Mittags, wenn im falben Kornfeld
Das Wachstum rauscht, an geradem Halm,
Und den Nacken die Ähre seitwärts beugt
Dem Herbste gleich, jetzt aber unter hohem
Gewölbe der Eichen, da ich sinn
Und aufwärts frage, der Glockenschlag
Mir wohlbekannt
Fernher tönt, goldenklingend, um die Stunde, wenn
Der Vogel wieder wacht. So gehet es wohl.

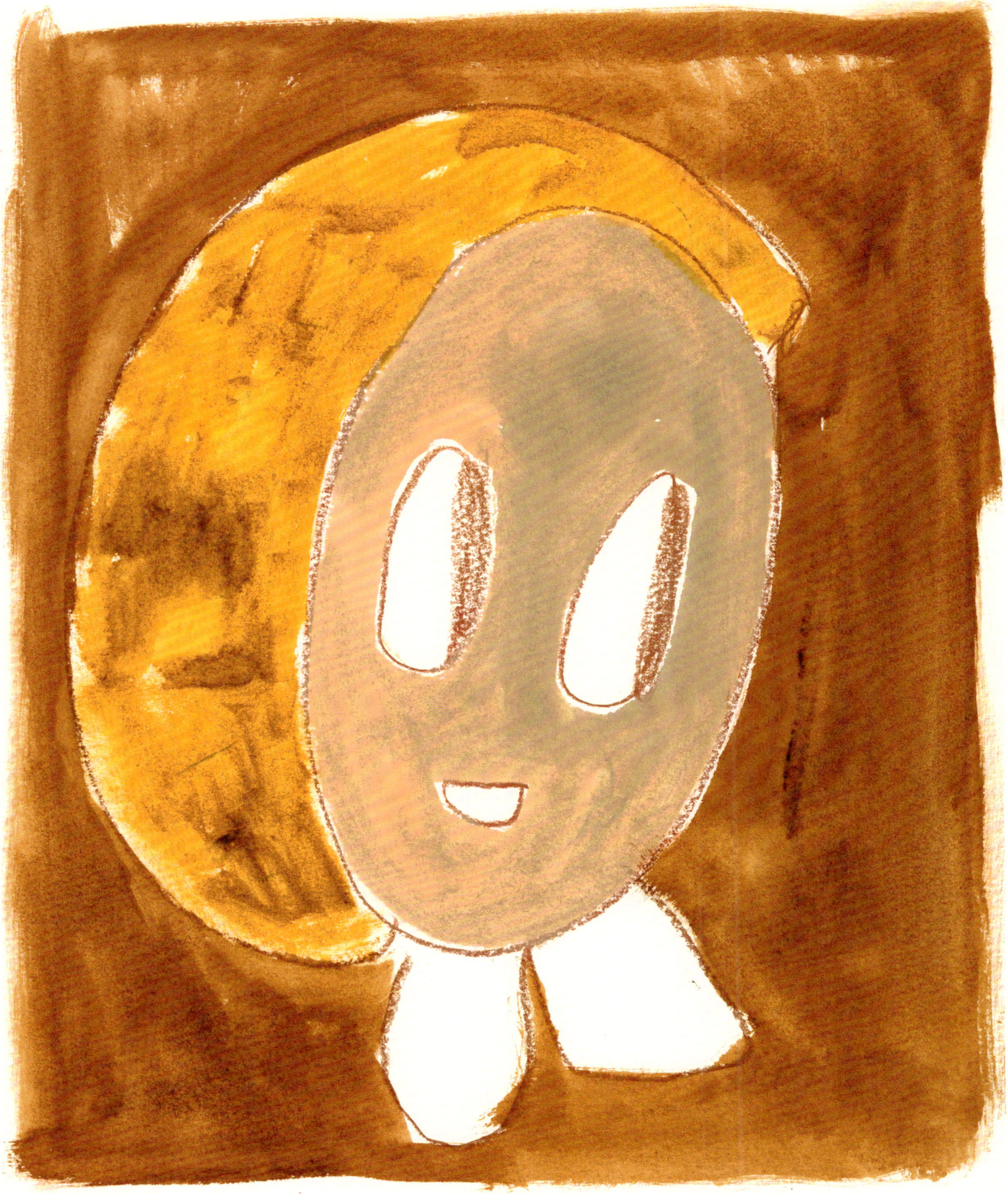

HOME

And no one knows

Yet let me wander
And pick wildberries
To douse my love for you
On your paths, oh Earth

Here where ———
                    and rose thorns
And sweet lindens lie fragrant by
Beeches, at noon, when in the brown wheatfields
Growth rustles, on a straight stalk,
And the neck tilts the ear to the side
Like autumn, but now under the high
Vault of oaks, as I ponder
And ask, gazing up, the bell tolls
Such a familiar
Faraway peal, sounding golden, on the hour, when
The birds wake once again. That's just how it goes.

WOHL GEH' ICH TÄGLICH …
THOUGH DAILY I TREAD…
1803–1805

WOHL GEH' ICH TÄGLICH ...

Wohl geh' ich täglich andere Pfade, bald
  Ins Grüne im Walde, zur Quelle bald,
    Zum Felsen, wo die Rosen blühen,
      Blicke vom Hügel ins Land, doch nirgend

Du Holde, nirgend find ich im Lichte dich
  Und in die Lüfte schwinden die Worte mir
    Die frommen, die bei dir ich ehemals

Ja ferne bist du, seliges Angesicht!
  Und deines Lebens Wohllaut verhallt von mir
    Nicht mehr belauscht, und ach! wo seid ihr
      Zaubergesänge, die einst das Herz mir

Besänftigt mit Ruhe der Himmlischen?
  Wie lang ist's! o wie lange! der Jüngling ist
    Gealtert, selbst die Erde, die mir
      Damals gelächelt, ist anders geworden.

Leb immer wohl! es scheidet und kehrt zu dir
  Die Seele jeden Tag und es weint um dich
    Das Auge, daß es helle wieder
      Dort wo du säumest, hinüberblicke.

THOUGH DAILY I TREAD…

Though daily I tread a different path, now
  Into the deep green forest, now to the spring,
    To the rock, where roses bloom,
      And from the hilltop look out, yet nowhere

Fair One, nowhere in daylight do I find you
  And my words fade away into air
    Devout words, when with you I used to

Yes, you are far away indeed, blessed face
  The harmonious sound of your life fades away
    No longer can I hear it, and oh! Where are you
      Magical songs that once softened my heart

Soothing it with the calm of the Heavenly?
  How long ago it was! Oh how long! That young man has
    Aged, and even the Earth, which seemed to
      Smile on me back then, has changed.

Farewell then, always! Daily the soul takes leave
  Of you, returns to you, and the bright eye cries
    For you, that it might look more clearly
      Over to where you tarry.

DER WINTER
WINTER
1842–1843

DER WINTER

Wenn sich der Tag des Jahrs hinabgeneiget
Und rings das Feld mit den Gebirgen schweiget,
So glänzt das Blau des Himmels an den Tagen,
Die wie Gestirn in heitrer Höhe ragen.

Der Wechsel und die Pracht ist minder umgebreitet,
Dort, wo ein Strom hinab mit Eile gleitet,
Der Ruhe Geist ist aber in den Stunden
Der prächtigen Natur mit Tiefigkeit verbunden.

Mit Untertänigkeit
Scardanelli.

d. 24. Januar 1743.

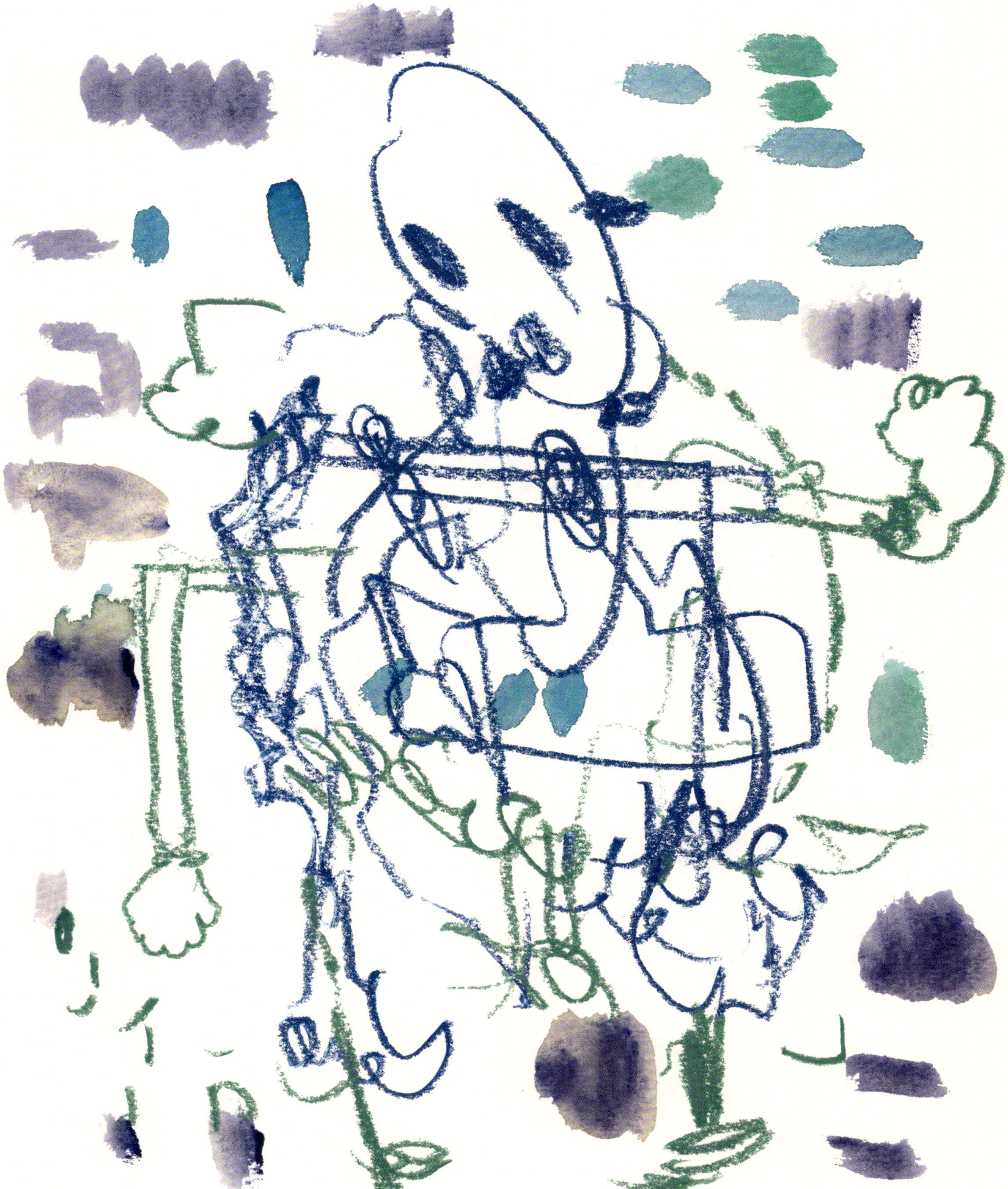

WINTER

When the day of the year reaches its end,
And surrounding fields and mountains fall silent,
A heavenly blue shines brightly through the days,
Which are, like stars, on high arrayed.

Change and splendour become less widespread
Where rivers' currents swiftly flow downward,
But a peaceful spirit can be found in the hours,
When glorious nature is bound to great depth.

With subservience
Scardanelli

January 24, 1743

DER SOMMER
SUMMER
1837

DER SOMMER

Das Erntefeld erscheint, auf Höhen schimmert
Der hellen Wolke Pracht, indes am weiten Himmel
In stiller Nacht die Zahl der Sterne flimmert,
Groß ist und weit von Wolken das Gewimmel.

Die Pfade gehn entfernter hin, der Menschen Leben,
Es zeiget sich auf Meeren unverborgen,
Der Sonne Tag ist zu der Menschen Streben
Ein hohes Bild, und golden glänzt der Morgen.

Mit neuen Farben ist geschmückt der Gärten Breite,
Der Mensch verwundert sich, daß sein Bemühn gelinget,
Was er mit Tugend schafft, und was er hoch vollbringet,
Es steht mit der Vergangenheit in prächtigem Geleite.

SUMMER

The harvest field appears, shimmering on high
The bright cloud is resplendent, while up in the wide sky
In the still of the night countless stars begin to flicker,
The crowd of clouds is large and far.

The paths go on still farther, human lives
Reveal themselves out upon the open seas,
The sun's clear day is to humankind's striving
A high vision, and the morning shines golden.

New colors adorn the gardens' ornamented swaths,
Human beings marvel their endeavors succeed,
What they righteously accomplish, everything they do, indeed,
Is in splendid harmony, keeps company with the past.

DER FRÜHLING
SPRING
1843

DER FRÜHLING

Wenn aus der Tiefe kommt der Frühling in das Leben,
Es wundert sich der Mensch, und neue Worte streben
Aus Geistigkeit, die Freude kehret wieder
Und festlich machen sich Gesang und Lieder.

Das Leben findet sich aus Harmonie der Zeiten,
Daß immerdar den Sinn Natur und Geist geleiten,
Und die Vollkommenheit ist Eines in dem Geiste,
So findet vieles sich, und aus Natur das Meiste.

Mit Untertänigkeit
Scardanelli.

d. 24 Mai 1758.

SPRING

When, from the depths, springtime comes to life,
Humans marvel, and new words grow rife,
Moved by the spirit, joy returns once more
And both song and singing festively roar.

Life is found in seasonal harmony, such that
Nature and Spirit might always accompany thought,
And Completeness is One in mind and heart;
Such that, from Nature most of all, much is brought.

With subservience
Scardanelli

May 24, 1758

AN DEN FRÜHLING
TO SPRING
1793

AN DEN FRÜHLING

Wangen sah' ich verblühn, und die Kraft der Arme veralten

Du mein Herz! noch alterst du nicht; wie Luna den Liebling
Weckte des Himmels Kind, die Freude, vom Schlafe dich wieder;
Denn Sie erwacht mit mir zu neuer, glühender Jugend
Meine Schwester, die süße Natur, und meine geliebten
Tale lächeln mich an, und meine geliebteren Haine,
Voll erfreulichen Vogelgesangs, und scherzender Lüfte,
Jauchzen in wilder Lust der freundlichen Gruß mir entgegen.
Der du Herzen verjüngst, und Fluren, heiliger Frühling,
Heil dir! Erstgeborner der Zeit! erquickender Frühling,
Erstgeborner im Schoße der Zeit! Gewaltiger! Heil dir,
Heil! die Fessel zerriß, und tönt dir Feiergesänge,
Daß die Gestad' erbeben, der Strom; wir Jünglinge taumeln
Jauchzen hinaus wo der Strom dich preist, wir enthüllen, du Holder,
Deinem Liebeshauche die glühende Brust, und stürzen hinunter
In den Strom, und jauchzen mit ihm, und nennen dich Bruder.

Bruder! wie tanzt so schön, mit tausendfältiger Freude
Ach! und tausendfältiger Lieb' im lächelnden Äther
Deine Erde dahin, seit aus Elysiums Talen
Du mit dem Zauberstab ihr nahtest, himmlischer Jüngling!
Sahn wir nicht, wie sie freundlicher nun den stolzen Geliebten
Grüßt', den heiligen Tag, wenn er kühn vom Siege der Schatten
Über die Berge flammt! wie sie sanfterrötend im Schleier
Silberner Düfte verhüllt, in süßen Erwartungen aufblickt,
Bis sie glühet von ihm, und ihre friedlichen Kinder
Alle, Blumen und Hain', und Saaten und sprossende Reben, …

Schlummre, schlummre nun, mit deinen friedlichen Kindern,
Mutter Erde! denn Helios hat die glühenden Rosse
Längst zur Ruhe gelenkt, und die freundlichen Helden des Himmels,
Perseus dort, und Herkules dort, sie wallen in stiller
Liebe vorbei, und leise durchstreift der flüsternde Nachthauch
Deine fröhliche Saat, und die fernher tönenden Bäche
Lispeln Schlummergesänge darein, …

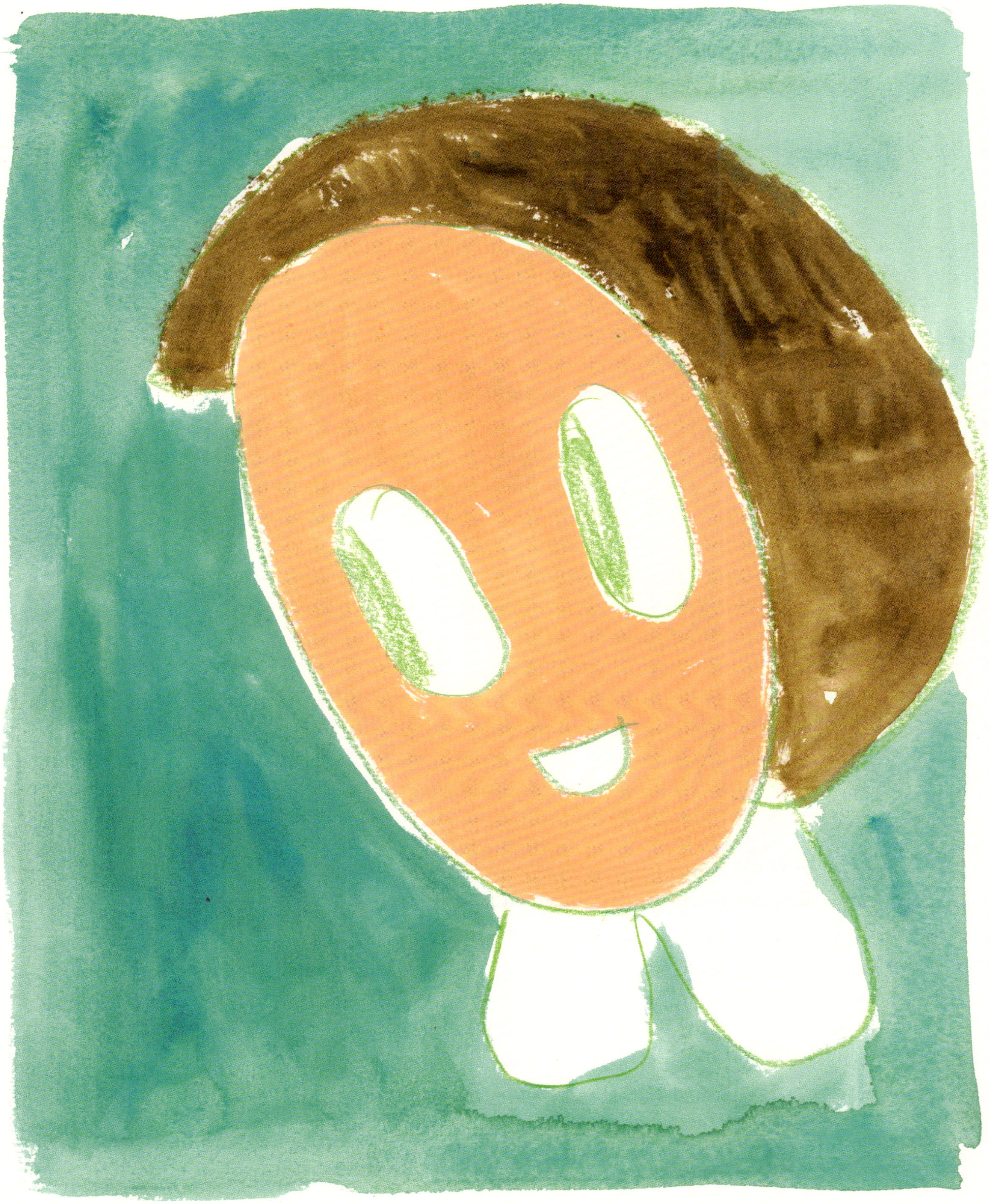

TO SPRING

I saw cheeks fade, and arms' strength grow old

You, my heart, are not yet old; much like Luna the Lovely
Woke Heaven's child, joy, and you from slumber once more;
For with me she also awakens to a glowing, new youth
My sister, sweet Nature, and my beloved
Valleys smile at me, and my more beloved groves
Full of joyful birdsong, and jesting airs,
Rejoicing, sending friendly greetings my way, in wild delight.
You who rejuvenate hearts and meadows, holy spring,
Hail to thee! Time's firstborn! Refreshing spring,
Firstborn in time's lap! Mighty One! Hail to thee,
Hail! The shackle is broken, celebratory songs ring out,
For the shore trembles, the river; we youths stagger and
Rejoice where the stream praises you, we unveil you, Fair One,
Your loving touch, the glowing bosom, and plunge down
Into the stream, and rejoice with it, and call you brother.

Brother! How beautifully you dance, with a thousand different sorts of joy
Ah! And a thousand different sorts of love in the smiling aether
Your Earth now gone, since from Elysium's valleys
You approached her with the magic wand, heavenly youth!
Did we not see how she greeted the proud beloved
More kindly now, the holy day now flaming boldly, victoriously
Over the mountains! How softly they blush, shrouded in
Silver fragrances, looking up in sweet expectation,
Until she glows from him, and all her peaceful children,
Flowers and groves, and seeds and sprouting vines,…

Slumber, slumber now, with your peaceful children,
Mother Earth! For Helios has long since laid the
Glowing steeds to rest, and the heavens' friendly heroes,
Perseus here, and Hercules there, they wallow in silent
Love, and quietly the whispering breeze wanders through
Your happy seed, and the distant, resounding streams
Whispering lullabies into it,…

DAS ANGENEHME DIESER WELT …
THE WORLD'S COMFORTS …
1806–1811

DAS ANGENEHME DIESER WELT…

Das Angenehme dieser Welt hab' ich genossen,
Die Jugendstunden sind, wie lang! wie lang! verflossen,
April und Mai und Julius sind ferne,
Ich bin nichts mehr, ich lebe nicht mehr gerne!

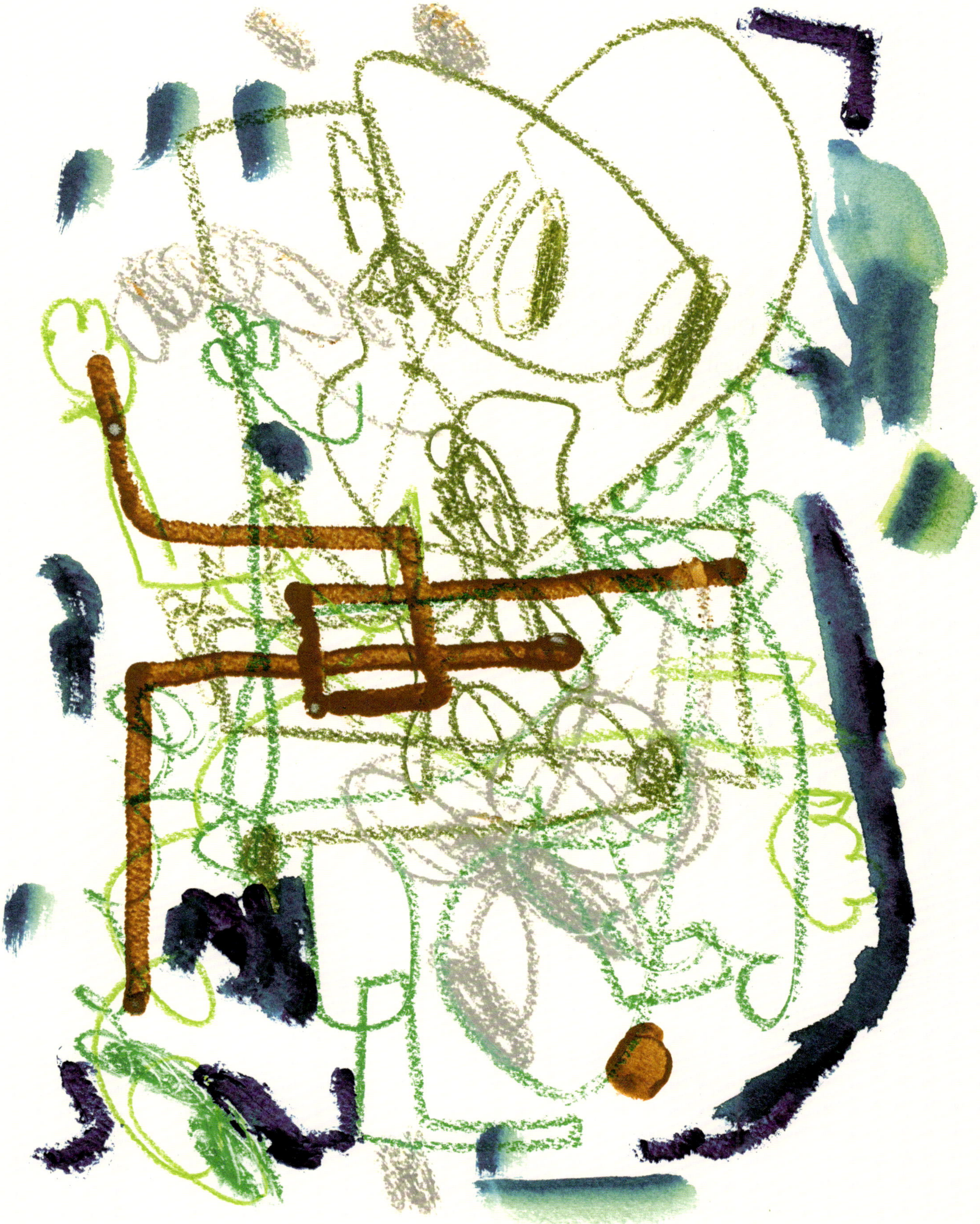

THE WORLD'S COMFORTS…

The world's comforts I've savored, and held fast
But youthful days are now long, long past
April and May and July are long gone
I'm nothing now, I don't wish to live on.

DER SOMMER
SUMMER
1842

DER SOMMER

Die Tage gehn vorbei mit sanfter Lüfte Rauschen,
Wenn mit der Wolke sie der Felder Pracht vertauschen,
Des Tales Ende trifft der Berge Dämmerungen,
Dort, wo des Stromes Wellen sich hinabgeschlungen.

Der Wälder Schatten sieht umhergebreitet,
Wo auch der Bach entfernt hinuntergleitet,
Und sichtbar ist der Ferne Bild in Stunden,
Wenn sich der Mensch zu diesem Sinn gefunden.

Scardanelli.

d. 24 Mai 1758.

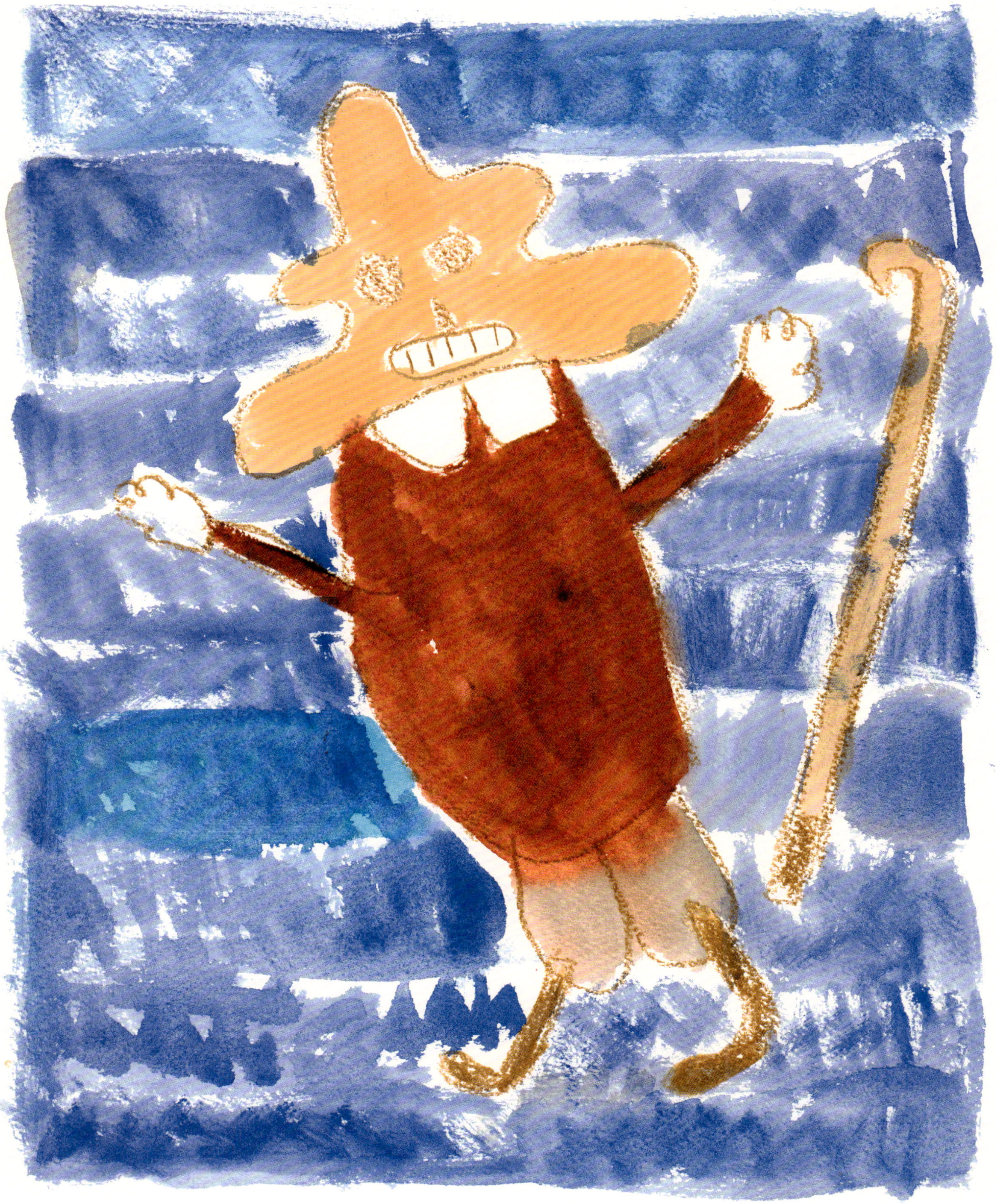

SUMMER

The days go by with breezes rustling, tender,
Exchanging clouds for fields all full of splendor,
The valley's end encounters the mountains' twilight,
Down where the river's waves meander from sight.

The forests' shadows expand out so wide,
Where the stream continues its distant glide,
And in those hours far images shine,
When human beings, to reflect, incline.

Scardanelli.

May 24, 1758

DER FRÜHLING
SPRING
1843

DER FRÜHLING

Der Tag erwacht, und prächtig ist der Himmel,
Entschwunden ist von Sternen das Gewimmel,
Der Mensch empfindet sich, wie er betrachtet,
Der Anbeginn des Jahrs wird hoch geachtet.

Erhaben sind die Berge, wo die Ströme glänzen,
Die Blütenbäume sind, als wie mit Kränzen,
Das junge Jahr beginnt, als wie mit Festen,
Die Menschen bilden mit Höchsten sich und Besten.

Mit Untertänigkeit
Scardanelli.

d. 24 Mai 1748.

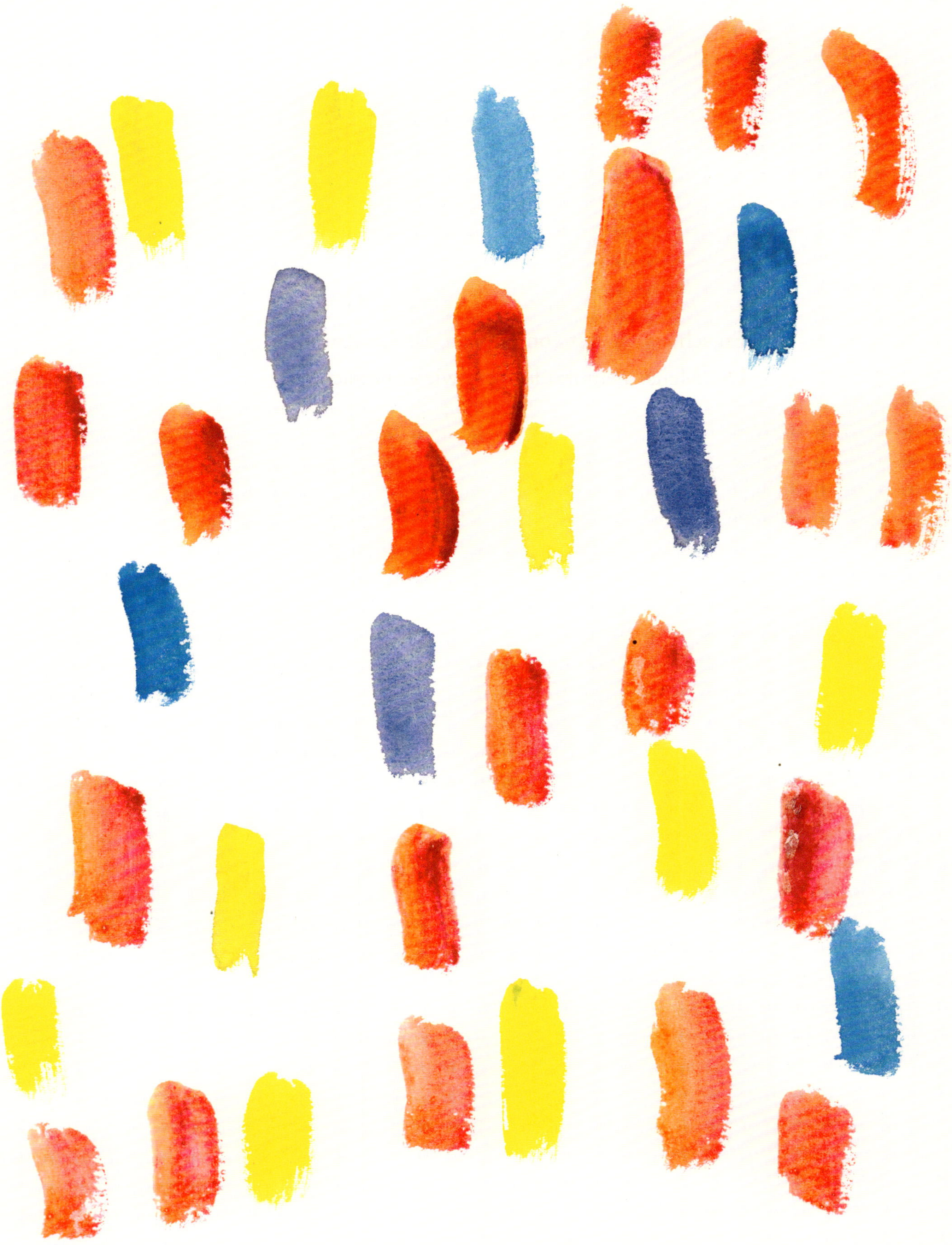

SPRING

The day awakens, glorious is the sky,
The stars have vanished from the dome up on high,
Mortals do feel, and the way they recollect,
And the start of the year is seen with respect.

Rugged are the mountains where the rivers shine,
The blossoming trees are like wreaths, looking fine,
The young year begins, as do festivities,
Humans rise to the best of activities.

With subservience
Scardanelli

May 24, 1748

AN DIOTIMA
TO DIOTIMA

1797

AN DIOTIMA

Schönes Leben! du lebst, wie die zarten Blüten im Winter,
   In der gealterten Welt blühst du verschlossen, allein.
Liebend strebst du hinaus, dich zu sonnen am Lichte des Frühlings,
   Zu erwarmen an ihr suchst du die Jugend der Welt.
Deine Sonne, die schönere Zeit, ist untergegangen
   Und in frostiger Nacht zanken Orkane sich nun.

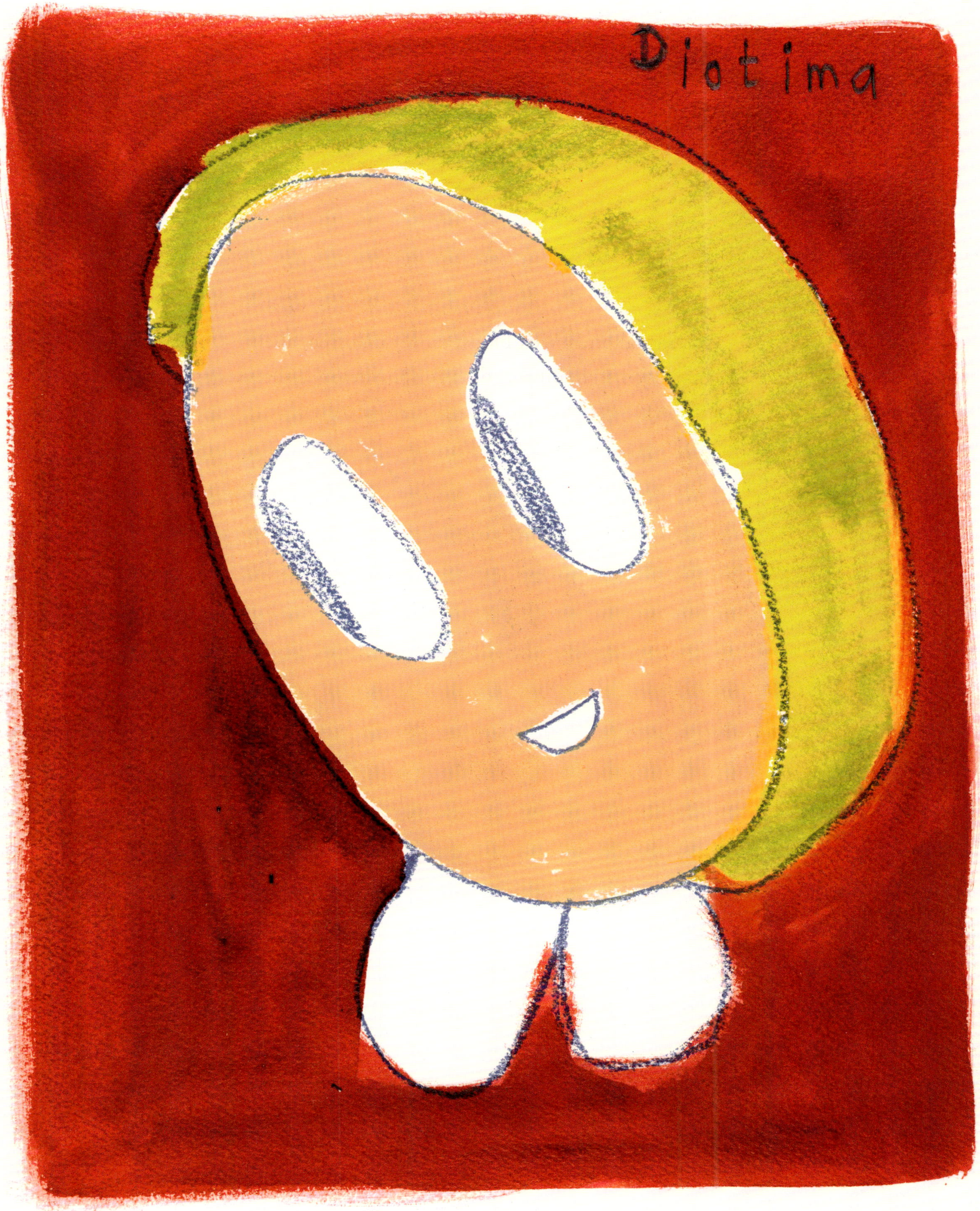
Diotima

TO DIOTIMA

Beautiful being! You live like tender blossoms in winter,
   In a world grown old, you blossom hidden, all alone.
Lovingly you strive outward, to bask in the light of spring,
   To be ever warmed, you seek out the world's youths.
Yet your sun, the more beautiful time, has already set
   And now hurricanes quarrel in the frosty night.

GEH UNTER, SCHÖNE SONNE…
GO DOWN, FAIR SUN…
1800–1805

GEH UNTER, SCHÖNE SONNE …

Geh unter, schöne Sonne, sie achteten
Nur wenig dein, sie kannten dich, Heilge, nicht.
Denn mühelos und stille bist du
Über den Mühsamen aufgegangen.

Mir gehst du freundlich unter und auf, o Licht!
Und wohl erkennt mein Auge dich, Herrliches!
Denn göttlich stille ehren lernt' ich
Da Diotima den Sinn mir heilte.

O du des Himmels Botin! wie lauscht ich dir!
Dir, Diotima! Liebe! wie sah von dir
Zum goldnen Tage dieses Auge
Glänzend und dankend empor. Da rauschten

Lebendiger die Quellen, es atmeten
Der dunkeln Erde Blüten mich liebend an,
Und lächelnd über Silberwolken
Neigte sich segnend herab der Äther.

GO DOWN, FAIR SUN…

Go down, fair sun, for they regarded you so
  Little, nor did they know you, oh Holy One.
    Since you rose so smoothly and silent
      Over those so determined to toil.

To me you rise and set so kindly, oh Light!
  And my eye does recognize you, Splendid One!
    For godly, silent honor did I learn
      Since Diotima healed my troubled mind.

Oh, Heaven's messenger, I heed you indeed!
  To you, Diotima! Love! Toward golden day
    These thankful eyes gaze upward, shining.
      And at once, ever livelier, there rushed

The springs, beginning to bubble, and blossoms
  Of dark Earth lovingly breathed their scent at me,
    And smiling above silvery clouds
      The aether bent down to bestow blessing.

DER FRÜHLING
SPRING
1825–1840

DER FRÜHLING

Wenn auf Gefilden neues Entzücken keimt
  Und sich die Ansicht wieder verschönt und sich
    An Bergen, wo die Bäume grünen,
      Hellere Lüfte, Gewölke zeigen,

O! welche Freude haben die Menschen! froh
  Gehen an Gestaden Einsame, Ruh und Lust
    Und Wonne der Gesundheit blühet,
      Freundliches Lachen ist auch nicht ferne.

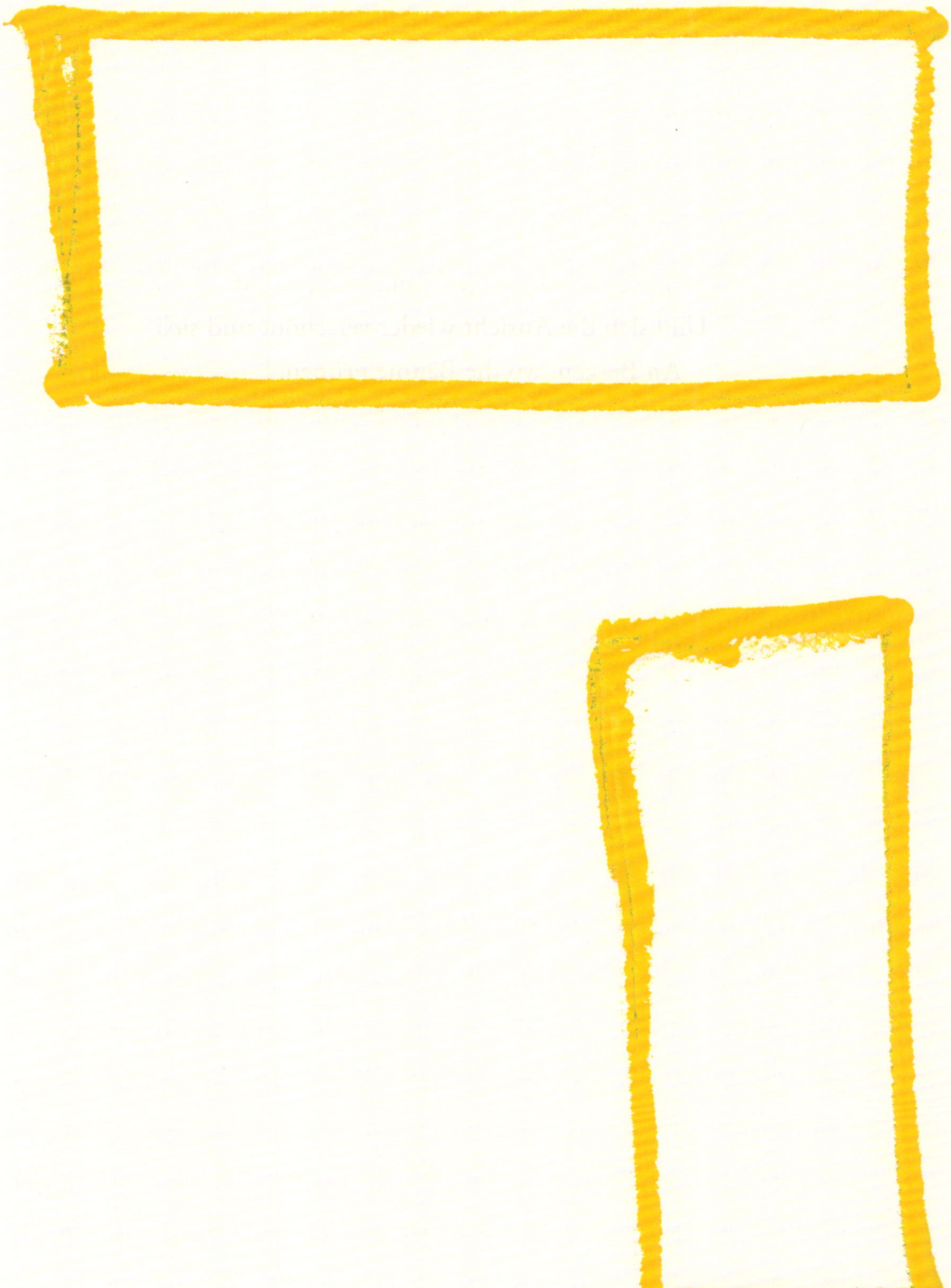

SPRING

When new enchantments germinate in the ground
And the view turns more beautiful once again
And in the mountains, where verdant trees,
Brighter breezes, and clouds reveal themselves,

Oh what joys humankind savors! The lonely
Contentedly stroll on the shore, peace, pleasure
And bliss of healthy vigor blossom,
Friendly laughter is not far off, either.

DER SOMMER
SUMMER
1842

DER SOMMER

Noch ist die Zeit des Jahrs zu sehn, und die Gefilde
Des Sommers stehn in ihrem Glanz, in ihrer Milde;
Des Feldes Grün ist prächtig ausgebreitet,
Allwo der Bach hinab mit Wellen gleitet.

So zieht der Tag hinaus durch Berg und Tale,
Mit seiner Unaufhaltsamkeit und seinem Strahle,
Und Wolken ziehn in Ruh', in hohen Räumen,
Es scheint das Jahr mit Herrlichkeit zu säumen.

Mit Untertänigkeit
Scardanelli

d. 9ten März 1940.

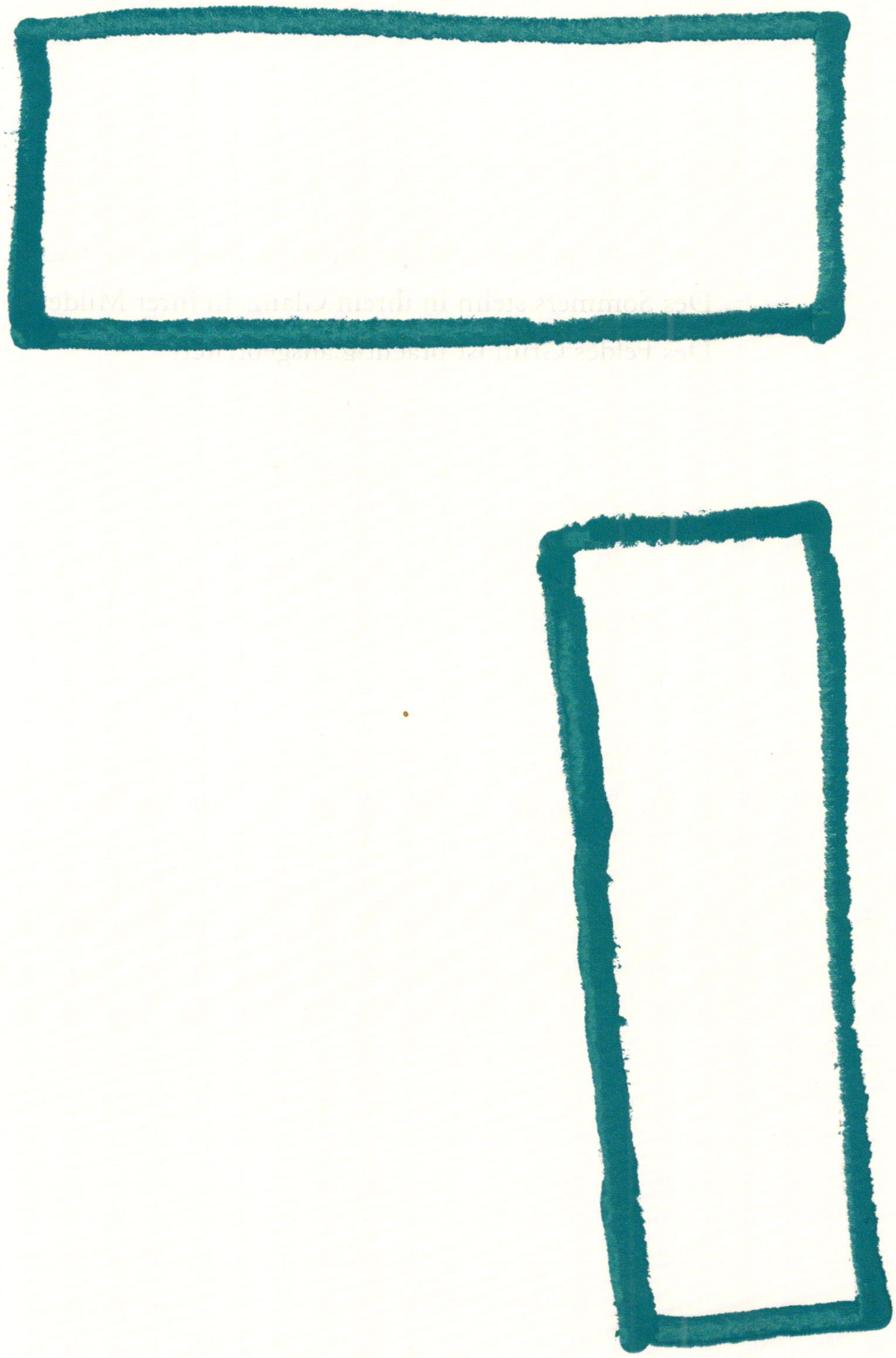

SUMMER

You can still see the season, and the fields
Of summer show their mildness and pride;
The meadow's green, magnificently spread,
Wherever the stream flows, its little waves glide.

Thus the day moves on through peaks and valleys,
Unstoppable, in bright beams so merry,
And clouds drift calmly through azure alleys,
In such splendor the year seems to tarry.

With subservience
Scardanelli

March 9, 1940

FRÜHLING / SPRING

SOMMER / SUMMER

HERBST / AUTUMN

WINTER / WINTER

FRIEDRICH HÖLDERLIN ist wohl André Butzers Lieblingsdichter und zählt neben Walt Disney und Henri Matisse zu seinen „Lieblingspersönlichkeiten überhaupt". Die Identifikation reicht sogar noch weiter, da Hölderlins Todestag Butzers eigener Geburtstag ist.

Als Butzer 2001 erstmals nach Los Angeles in sein jugendliches Sehnsuchtsland Amerika übersiedelt, hat er Heimweh. Die ersehnte Heimat liegt weder in der alten noch in der neuen Welt. In Kalifornien liest er Hölderlins Hyperion und ist erschüttert: „Beim Lesen hatte ich das Gefühl, ich verstehe jedes Wort. Ich dachte, diese Worte stammen doch von mir." Butzer erkennt sich in Hölderlins Schicksalsgestalt und erfindet die Figur des heimatlosen Wanderers.

Für Hölderlin ist die Dichtung jener Ort, der einen menschlichen Aufenthalt auf Erden möglich macht. Für Butzer ist es die Malerei. In der Dichtung findet er Beistand, um die extremen Widersprüche der Welt malerisch auszutragen und auszusöhnen.

In diesem Buch hat Butzer 47 Gedichte zusammengestellt, die Hölderlin zwischen 1793 und 1843 zu den vier Jahreszeiten schrieb. Gleichnishaft verbinden sie den Kreislauf der Jahreszeiten mit dem menschlichen Lebensweg: die herbstliche Erfüllung des sommerlichen Reifens, die Blüte des Lebens im Frühling und die erfahrene Kargheit des Winters. Die Gedichte mögen schlicht klingen, doch in ihnen gibt Hölderlin dem menschlichen Aushalten im scheinbar Aussichtslosen Gestalt: Hoffen, Zweifeln, Staunen, Sehnen, Lieben. Herzensdinge, einfach, hellsichtig und verletzlich

Dazu hat Butzer 40 Aquarelle geschaffen. Zyklisch schwinden und erscheinen seine ikonischen Charaktere: der Wanderer, die Frau, der Friedens-Siemens – jede Figur, jedes Ding, jeder Strich, Fleck und Ton trägt sich selbst. Doch aus dieser gegenstrebigen Fügung entsteht Mal für Mal ein zartes Gleichgewicht.

Das Buch folgt weder der chronologischen Alltagszeit noch dem Nacheinander der Jahreszeiten. Gedichte und Aquarelle sind vielmehr intuitiv platziert und bilden offene Konstellationen. Was Hölderlins fantastischen Datierungen entspricht, wenn er ein Gedicht von 1843 etwa auf 1758, 1648 oder 1940 datiert. In der beständigen dichterischen Zeit sind Vergangenes und Zukünftiges ein erfülltes Ganzes.

Bescheiden und poetisch erwägen Worte und Bilder den menschlichen Aufenthalt auf dieser Erde.

FRIEDRICH HÖLDERLIN is probably André Butzer's favorite poet and ranks alongside Walt Disney and Henri Matisse among his "favorite people ever." His identification goes even further, as Hölderlin's day of death is Butzer's own birthday.

When Butzer relocated to Los Angeles, the land of his youthful dreams, for the first time in 2001, he got homesick. The home he longed for lay neither in the old world nor in the new. In California, he read Hölderlin's Hyperion and was shaken: "As I read, I felt that I understood every word. I thought these words came from me." Butzer recognized himself in Hölderlin's fateful protagonist and invented the figure of the homeless Wanderer.

For Hölderlin, poetry is the place that makes human existence on earth possible. For Butzer, it is painting. In poetry, he finds succor to settle and reconcile the extreme contradictions of the world through his painting.

In this book, Butzer has compiled 47 poems written by Hölderlin between 1793 and 1843 on the four seasons. These poems link the cycle of the seasons with the human path of life like a parable: the autumnal fulfillment of summer's maturation, the blossoming of life in spring, and the experienced barrenness of winter. The poems may sound simple, but in them Hölderlin gives shape to human endurance in seemingly hopeless conditions: hope, doubt, wonder, longing, love. Matters of the heart, simple, lucid, and vulnerable.

To accompany them, Butzer has created 40 watercolors. His iconic characters cyclically fade and reappear: the Wanderer, the Woman, the Peace-Siemens—each figure, each thing, each stroke, patch, and hue of color carry themselves. Yet time and again, a fragile harmony emerges from their contrary bonding.

The book adheres neither to chronological everyday time, nor to the succession of the seasons. Instead, Butzer has placed the poems and watercolors intuitively, forming open constellations. This corresponds to Hölderlin's fantastic dating, in which a poem from 1843, for instance, can be attributed to 1758, 1648, or 1940. In persistent poetic time, the past and the future are one complete whole.

In unison words and images ponder man's dwelling upon this earth, in the humblest and most poetic way.

EACH AND EVERY TASCHEN BOOK PLANTS A SEED!
Each year, we offset our annual carbon emissions with carbon credits at the Instituto Terra, a reforestation program in Minas Gerais, Brazil, founded by Lélia and Sebastião Salgado. To find out more about this ecological partnership, please check: www.taschen.com/institutoterra.
Inspiration: unlimited. Carbon footprint: (almost) zero.

To stay informed about TASCHEN and our upcoming titles, please subscribe to our free magazine at www.taschen.com/magazine, follow us on Instagram and Facebook, or e-mail your questions to contact@taschen.com.

ANDRÉ BUTZER
FRIEDRICH HÖLDERLIN
Die Jahreszeiten / The Seasons

Aquarelle von / Watercolors by André Butzer
Nr. / No. 1–39: *Ohne Titel / Untitled*, 2025, Wasserfarbe und Buntstift auf / watercolor and colored pencil on Arches grain fin 300 g, je / each 30 x 24 cm; außer Nr. / except No. 24: 26,6 x 24 cm
Nr. / No. 40 (Cover): *Ohne Titel / Untitled*, 2025, Aquarell und Buntstift auf Papier / watercolor and colored pencil on paper, 42 x 62,4 cm

Gedichte von / Poems by Friedrich Hölderlin

Übersetzung von / Translation by Alta L. Price

Design: Hans Werner Holzwarth
Lektorat / Copy-editing: Lutz Eitel, Alexander Serner
Produktionskoordination / Production coordination: Marion Boschka

Printed in Italy

ISBN 978-3-7544-0015-9